NOUVEAUX DOCUMENTS

LES ESTIENNE

IMPRIMEURS PARISIENS

(1517-1665)

PAR

HENRI STEIN

PARIS

1895

NOUVEAUX DOCUMENTS

SUR

LES ESTIENNE

IMPRIMEURS PARISIENS

(1517-1665)

(Extrait des *Mémoires de la Société de l'Histoire de Paris et de l'Ile-de-France*, t. XXII (1895).

NOUVEAUX DOCUMENTS

SUR

LES ESTIENNE

IMPRIMEURS PARISIENS

(1517-1665)

PAR

HENRI STEIN

PARIS
1895

NOUVEAUX DOCUMENTS

SUR

LES ESTIENNE

IMPRIMEURS PARISIENS.

(1517-1665.)

Depuis la publication du beau livre de Renouard[1] sur les Estienne, dont la deuxième édition parut à Paris en 1843, et l'apparition de l'excellent article que A. Firmin-Didot a consacré à cette famille dans la *Nouvelle biographie générale*[2], il n'a rien paru à ce sujet qui mérite d'être rappelé[3]. Si je viens, après ces savants auteurs, parler de ces imprimeurs célèbres du XVIe siècle, ce n'est pas pour retracer leur vie, assez bien connue et sur laquelle les travaux précités semblent donner toute satisfaction, moins encore pour m'appliquer à rechercher les impressions, — assez nombreuses assurément, — qui manquent dans la bibliographie dressée par Renouard, de 1502 à 1664, bien que l'on ne puisse demander aux chercheurs les plus sagaces d'éviter quelque oubli en ces matières[4].

---

1. *Annales de l'imprimerie des Estienne*, ou *Histoire de la famille des Estienne et de ses éditions*, par Ant.-Aug. Renouard, 2e édit. Paris, 1843, in-8°, de XIX-586 p.

2. Col. 479 à 560 du tome XI. Cet article a été tiré à part, sans pagination spéciale.

3. Nous noterons seulement pour mémoire un article du *Macmillan's Magazine* (octobre 1892), sous la signature de H. C. Macdowall : « An old french Printer. »

4. Je possède un opuscule d'Antoine Estienne qui ne figure pas dans la bibliographie de Renouard et qui doit être assez rare. Il est intitulé :

Mon rôle se bornera ici à publier quelques pièces d'archives, trouvées tant à Paris qu'à Soissons et à Genève et restées jusqu'ici ignorées; elles viennent heureusement confirmer sur certains points des faits déjà connus et apportent sur d'autres points une lumière nouvelle. Elles sont au nombre de vingt, d'étendue et d'importance variables; elles seront publiées en suivant l'ordre chronologique. Mais, pour bien en faire ressortir l'intérêt et la nouveauté, il a paru nécessaire de les faire précéder de quelques explications où leur groupement sera plus méthodique.

Renouard a bien utilisé et republié un document important, provenant des Archives nationales de Paris (Ordonnance royale d'août 1552 donnant mainlevée aux héritiers mineurs de Robert Estienne du séquestre mis sur les biens de leur père à cause de sa fuite à Genève), qui avait été imprimé pour la première fois dans la *Bibliothèque de l'École des chartes*, sous la signature d'Eug. de Stadler[1]; il a pour la première fois fait paraître des fragments des registres des Archives de Genève qui méritaient d'être connus. Mais, dans aucun de ces deux dépôts, le dépouillement n'avait été poursuivi avec méthode et, après eux, il était possible de glaner encore utilement. Nous ne nous flattons pas d'avoir recueilli jusqu'au regain et d'avoir notamment épuisé le fonds considérable du Parlement de Paris, si fécond encore en trouvailles; mais à Genève, où nous avons pu mettre grandement à l'épreuve la compétence et l'amabilité si cordiales de M. C.-M. Briquet, nous avons relevé dans les registres des notaires un certain nombre d'actes concernant les Estienne; nous ne donnons ici que les plus importants : c'est à Genève qu'il convient de publier les autres, qui sont d'intérêt plus spécial et local.

*
* *

Élève de Wolfgang Hopyl[2], le plus ancien des Estienne con-

DECLARATION DU Sʳ DE SOULAS, CY DEUANT MINISTRE DE LA RELIGION PRETENDUE REFORMÉE A FONTAINEBLEAU, SUR LE SUBIECT DE SA CONVERSION A LA FOY CATHOLIQUE. Il est daté de 1613 et peut être rapproché de « la Conversion du sieur de Montagnes, cy devant ministre de la Religion pretendue reformée en Dauphiné, » qui fut imprimé la même année (Renouard, p. 211).

1. Tome Iᵉʳ, p. 569.

2. Cf. *l'Atelier typographique de Wolfgang Hopyl à Paris* (Fontainebleau, 1891, in-4°). Je compte prochainement donner un petit supplément à cet opuscule à l'aide de nouveaux documents.

nus, Henri, installe tout d'abord son imprimerie rue Jean-de-Beauvais, vis-à-vis l'École de droit, et ne quitte ce premier établissement qu'en 1518, pour aller dans le voisinage immédiat, rue du Clos-Bruneau, où il loue, à raison de trente-quatre livres de loyer annuel, une maison, appelée les « écoles de Corbeil, » appartenant par indivis à la commanderie de Saint-Jean-de-Latran et à la commanderie de Saint-Jean-en-l'Isle, près Corbeil. Nous avons désormais, grâce aux ingénieuses recherches poursuivies avec succès par notre ami, M. E. Coyecque, dans les études parisiennes, une date exacte, à partir de laquelle nous pouvons suivre l'extension donnée par les Estienne à leur atelier typographique[1]; l'ancien local de la rue Jean-de-Beauvais fut repris par Simon de Colines[2], qui y exerça à son tour de 1520 à 1525.

D'une intelligence rare et d'une science consommée, Henri Estienne ne tarda pas à devenir un typographe en renom; mais les embarras financiers ne lui firent pas défaut, à en juger par les procès qu'il eut à soutenir contre le chapitre de l'église cathédrale Saint-Gervais de Soissons[3].

Il louait à bail, à Pisselou-sur-Marne et à Drachy, près Charly, aux environs de Meaux, des terres qui avaient été précédemment affermées à Jean Hygman, dont il avait épousé la veuve Guyone; il continua à soutenir les nombreux procès que ledit Hygman avait eus sur les bras à l'occasion de ces fermages et les perdit une première fois par arrêt du 22 juin 1507, une seconde, en appel devant le Parlement de Paris[4], le 14 août 1517; il lui fallut alors solder quatorze années de fermages en retard pour ces terres, qui paraissent avoir été bien plutôt pour lui une source d'ennui que de rapport[5]. Le paiement des arrérages remontait à 1504, déduction faite toutefois d'une somme de vingt écus soleil payés déjà en 1509. Simon de Colines, à son tour, dut plaider pour la même

---

1. Voir la pièce II.
2. *Bibliographie des éditions de Simon de Colines*, par Ph. Renouard (Paris, 1893, in-8°), p. 444.
3. Voir les pièces I et IV.
4. M. Ph. Renouard (*op. cit.*, p. 442) a déjà fait observer que l'on trouve, dans les comptes de l'Hôtel-Dieu de Soissons, mention de gibier et présents offerts au conseiller Thibault, rapporteur du procès d'Henri Estienne, par ses adversaires.
5. Voir la pièce V.

affaire, qui se termina en 1534 par une nouvelle condamnation des fermiers.

*
* *

Robert Estienne, premier du nom, prit la direction de l'atelier typographique de la rue Jean-de-Beauvais à la fin de l'année 1525, après avoir été pendant quelques années l'associé de Simon de Colines[1]. Il se distingua par une grande érudition, une activité passionnée et aussi par ses démêlés avec la Sorbonne; il s'occupa spécialement d'éditions de classiques, dans la publication desquels il excellait. Nous imprimons le contrat de mariage de Robert Estienne avec Perrette Bade, retrouvé chez un notaire de Paris[2]; Robert devient le gendre, au mois de juillet 1526, d'un homme très distingué et très savant, le Flamand Josse Bade, qui était lui-même établi imprimeur à Paris, et nous avons tout lieu de penser que ce mariage associa deux vies parfaitement faites pour s'entendre, tant étaient vastes les connaissances de Perrette Bade, aussi cultivée (paraît-il) que tout son entourage.

On sait que Robert Estienne quitta Paris pour aller habiter à Genève, après avoir perdu sa femme Perrette et après avoir épousé en secondes noces Marguerite Duchemin; il y fut très bien accueilli[3], et son mariage avec Marguerite Duchemin fut confirmé par Michel Cop, le 14 décembre 1550; c'était la confirmation d'un mariage secret contracté en France : cas fréquent chez les protestants[4]. Robert avait en effet quitté la France pour se soustraire aux difficultés de tout genre qui l'assaillaient, aussi bien du côté de la Sorbonne qu'en raison de ses attaches particulières avec le parti réformé, qui y devenait de jour en jour plus suspect. L'imprimeur fut reçu habitant de Genève le 13 novembre 1550 et bourgeois le 4 décembre suivant[5]. Le choix de Genève comme

---

1. Voir les ouvrages déjà cités.
2. Voir la pièce III.
3. « Pour ce que jà souvent l'on a aoy parler de la bonne fame et renommée de Robert Estienne, imprimeur de Parys, est arresté, quand il viendra supplier, il sera aoys et sera gratiffié » (Arch. de Genève, reg. du Conseil, vol. XLV, fol. 125 v°, à la date du 11 novembre 1550).
4. Arch. de Genève, reg. des mariages.
5. Arch. de Genève, reg. du Conseil, vol. LII, fol. 143. — Ceci confirme ce qu'on sait du départ de Paris, qui eut lieu en novembre 1550, d'après les lettres patentes de Henri II, publiées dans la *Bibliothèque de l'École des chartes*, 1840, t. I, p. 569.

résidence nouvelle était excellent, tant était grand le nombre de savants et d'écrivains qui y demeuraient alors, réfugiés ou non, et tant était actif le foyer des nouvelles doctrines qui se propageaient alors de Genève dans toutes les directions.

Profitant des bonnes relations qu'il avait toujours conservées avec le roi et son entourage, Robert Estienne sut mettre sa famille et son établissement de Paris à l'abri des inquiétudes et des rancunes, et les lettres du roi mentionnent expressément, en 1552, la levée du séquestre, qui avait été mis par des officiers trop zélés sur l'atelier typographique et sur les biens des enfants mineurs de Robert et de Perrette Bade[1]. Robert, tout en s'occupant beaucoup de son imprimerie à Genève, dut venir quelquefois encore à Paris et, en tout cas, entretint toujours des relations suivies avec son frère cadet Charles, chargé de la direction de l'imprimerie de Paris à partir de 1550. La mort seule, en 1559, vint mettre un terme à ses travaux. Le testament de Robert, enregistré à Genève par le notaire Ragueau, est connu depuis longtemps[2]; mais nous avons pu retrouver, dans les minutes du même notaire, deux documents importants qui constituent une partie du dossier de la succession du célèbre imprimeur; par suite d'une entente à laquelle Calvin lui-même ne resta pas étranger (puisque les actes furent passés en sa propre maison de la rue des Chanoines), Henri Estienne demeura seul propriétaire du fonds de l'imprimerie[3].

Quant à Marguerite Duchemin, elle vécut jusqu'après 1580. Elle dicte ses volontés en 1577, le 6 août, à Genève, au notaire Jovenon, dans les minutes duquel elles se trouvent conservées[4]; elle fait son héritière principale sa petite-fille Judith, fille de Henri II Estienne et de Marguerite Pillot[5], qui avait alors dix-sept ans et devait se marier en avril 1580 à François Lepreux, imprimeur à Lausanne, puis dans différentes autres villes de Suisse. La testatrice ne laisse à Louis Mugnier, son fils du premier lit, qui s'est mal conduit envers elle et envers les siens, que la portion congrue ou à peu près, et cette part ne lui reviendra que le jour où il rentrera dans la ville de Genève, qu'il a quittée.

---

1. Voir le document cité dans la note précédente, reproduit d'ailleurs par A.-A. Renouard, p. 319-323.
2. M. A.-A. Renouard l'a publié dans son livre, p. 578-582.
3. Voir la pièce VII.
4. Voir la pièce XIX.
5. Judith avait eu pour parrain Théodore de Bèze.

En janvier 1580 survint encore entre Henri Estienne et Marguerite Duchemin, sa belle-mère, un accord [1] qui confirmait définitivement des promesses et conventions stipulées dans des arrangements antérieurs.

*
* *

Nous n'avons retrouvé sur Henri II Estienne, précité, que deux lettres qu'il écrivit, au début de l'année 1559, à son protecteur Ulrich Fugger, d'une riche famille financière d'Augsbourg, sur qui de récents travaux ont jeté un peu de lumière [2] et dont la riche bibliothèque fut léguée au Palatinat. Je n'aurais pas connu ces deux intéressantes lettres [3], où l'imprimeur s'excuse de son long silence et donne des nouvelles de ses travaux typographiques, sans l'obligeance de mon ami, M. P. de Nolhac, qui me les a gracieusement communiquées.

Quant à Charles Estienne, frère cadet de Robert Ier, dont Ant.-Aug. Renouard [4] a catalogué les éditions jusqu'en 1561, il est vraisemblable qu'il mourut cette année-là, à Paris, et non pas trois ans plus tard. Ce fut Charles II Estienne, son neveu, qui mourut en 1564, laissant une veuve, Catherine Moullé, et un enfant en bas âge, Marie Estienne [5], qu'il recommande dans ses dernières volontés à ses frères, dont cependant il ne paraît pas avoir eu à se louer. Nous publions ci-après, en effet, le testament de Charles II Estienne, daté du 9 mars 1563 [6]; ce document fort intéressant nous confirme en effet, ce que nous savions déjà d'autre part, les mauvais traitements subis par les enfants de Robert Ier Estienne de la part de leur belle-mère Marguerite Duchemin et les relations difficiles que Henri II Estienne eut avec sa famille au sujet des biens et droits paternels qu'ils possédaient à Paris et dont Charles n'eut sans doute pas sa légitime part. On doit croire sur

---

1. Voir la pièce XX.
2. Cf. Ch. Schmidt, *Histoire littéraire de l'Alsace*, t. II, p. 193 et suiv.; — un travail de Haebler dans la *Deutsche Zeitschrift für Geschichtswissenschaft*, XI (1894), — et deux autres de E. Fink dans la *Zeitschrift des Vereins für Geschichte und Alterthum Schlesiens*, XXVIII (1894), et dans la *Zeitschrift des historischen Vereins für Schwaben und Neuburg*, XXI (1894).
3. Voir la pièce VI.
4. *Op. cit.*, p. 112 et 361.
5. Il n'était donc pas mort jeune et célibataire, comme le dit Renouard, dans son *Tableau généalogique*, sans doute faute de documents.
6. Voir la pièce IX.

parole Charles, lorsque, dans un testament qu'il rédige à ses derniers moments, il nous raconte avec tristesse son départ de la maison paternelle, son arrivée à Paris chez son oncle, son retour à Genève, une extrême pauvreté dont son frère Henri refusa de le tirer, sourd à ses réclamations et à ses requêtes, enfin l'obligation où il se trouva, étant malade, de recourir à la bienveillance secourable des étrangers. Le triste tableau que ce document nous peint nous laisse de la vie privée des Estienne et de leurs rapports de famille une fâcheuse impression : il contredit absolument les affirmations de Renouard[1].

*
* *

Cependant, Robert II Estienne était resté fixé à Paris ; il épousa Denise Barbé et continua, avec moins de talent assurément, les traditions paternelles en dirigeant un atelier typographique avec privilège du roi. Renouard a su peu de chose sur son compte et s'est à peu près contenté de donner une liste, assurément incomplète, des livres ou plaquettes sortis de ses presses. Plus heureux que lui, nous publions ici[2] quelques privilèges accordés par Charles IX à Robert II Estienne pour l'impression des Édits royaux, de 1561 à 1567 ; nous donnons un arrêt du Parlement de Paris[3] autorisant, en 1566, notre imprimeur à poursuivre sur sa demande Jean Temporal et autres typographes lyonnais, qui ont contrevenu aux ordonnances en publiant des Édits et un volume, sans autorisation ; puis, pénétrant de nouveau dans le domaine de la vie privée, nous nous retrouvons en plein procès, pendant au Parlement, au sujet de la succession de Perrette Bade, dont il a été parlé plus haut.

En 1564, trois des enfants de Robert Ier Estienne et de Perrette Bade, François, Jeanne et Catherine, toutes deux mariées à Genève avec deux frères, Jean et Étienne Anastaze, vendirent[4] à leur frère Robert II, resté à Paris, tous les droits qu'ils avaient dans la succession de leur mère sur la maison de la rue Jean de Beauvais, à l'enseigne du « Preschement. » Mais ce fut encore là une source

---

1. Notamment p. 319 et 478 de son livre.
2. Voir les pièces VII, X, XIV et XVI.
3. Voir la pièce XV.
4. L'acte nous a été conservé. Voir la pièce XI.

de nouvelles difficultés entre ces enfants de Perrette Bade et leur oncle Michel Vascosan, également imprimeur à Paris, qui avait pris possession des presses, caractères d'imprimerie, livres et autres meubles faisant partie de la succession; un arrêt du Parlement[1] intervint pour donner gain de cause aux enfants frustrés et obliger Vascosan à délivrer sous huit jours à qui de droit tout ce qu'il s'était indûment approprié (25 janvier 1565).

Robert II Estienne mourut en 1571. Sa veuve, Denise Barbé, convola trois ans après[2] avec un correcteur de l'imprimerie, nommé Mamert Patisson, qui, par le fait même de son mariage (le contrat[3] en est publié ci-après), fut mis en possession de l'atelier typographique et de la demeure du défunt; peu après, Patisson fut nommé tuteur[4] des deux enfants mineurs de Robert, appelés l'un Robert, imprimeur et poète, l'autre Henri[5].

Quant à François II Estienne, qui avait vendu avec ses sœurs ses droits sur la maison de Paris pour se fixer définitivement à Genève, où il imprima jusqu'en 1582, il avait auparavant essayé d'établir un atelier typographique à Montbéliard, qui n'en possédait pas encore; mais la demande qu'il formula dans ce but ne fut pas accueillie[6], et le premier imprimeur de cette ville devait être, seulement en 1586, Jacques Foillet.

Nous terminerons ces quelques renseignements inédits en ajoutant qu'Antoine Estienne, petit-neveu de Henri II, de François II et de Robert II, fut à son tour imprimeur du roi à Paris[7], à partir de 1615, et mourut en 1674; il existe chez un notaire de Paris[8], à la date du 12 octobre 1665, un acte par lequel Antoine Estienne,

---

1. Voir les pièces XII et XIII.
2. Renouard (p. 480) avait dit *vers 1575*, sans avoir eu de documents précis à consulter.
3. Voir la pièce XVII.
4. Voir la pièce XVIII.
5. On les trouve mentionnés dans un état des rentes reçues par le couvent de Saint-Jean-en-l'Isle-lès-Corbeil en 1581 (Arch. nat., S. 5142, fol. 8) : « Les héritiers feu Robert Estienne, pour le tiers des Escolles de décret à Paris, baillé à 99 ans, ix livres x sous parisis. » — A.-A. Renouard, dans son *Tableau généalogique*, indique un troisième fils, François, qui ne paraît dans aucun document et sur le compte duquel il doit faire erreur.
6. Ce fait, assez peu connu, a été révélé par P.-E. Tuefferd dans la *Revue d'Alsace*, nouv. série, t. IX (1880), p. 313.
7. Voir ses gages en 1639 (Bibl. nat., ms. nouv. acq. franç. 165).
8. Communication de M. le vicomte de Grouchy.

« premier imprimeur du roi, » permet à Sébastien Martin, aussi imprimeur, d'imprimer les *Saints devoirs de l'âme dévote* avec l'*Office de la Vierge*, de petit texte, en in-24 et in-32, moyennant certaines conventions stipulées dans l'acte [1].

*
* *

Tels sont les documents que nous avons pu réunir sur une famille nombreuse et dont le rôle dans l'histoire de la typographie a été considérable. Nous nous sommes contenté d'indiquer dans les notes ceux pour lesquels une courte analyse paraissait suffisante et nous publions ci-après ceux qui, par leur intérêt, méritaient une publication intégrale. Nous espérons que l'on en excusera l'aridité apparente en raison de la curiosité qui s'attache aujourd'hui à la recherche de l'inédit sur la vie et la famille de nos vieux imprimeurs parisiens.

I.

Arrêt du Parlement de Paris, confirmatif d'une sentence de la prévôté, qui condamne Henri Estienne et sa femme, fermiers de l'Hôtel-Dieu de Soissons, aux dépens d'un procès.

(14 août 1517.)

Cum in certa causa mota et pendente coram preposito nostro Parisiensi, seu ejus locumtenente, inter Henricum Stephanum, Universitatis Parisiensis nuncium juratum, et Guyonam ejus et per antea defuncti Johannis Hicquemen uxorem, suis nominibus et tanquam liberorum annis minorum dictorum defuncti et Guyone gardiam burgensem habentes, actores ex una parte, et prepositum, decanum, canonicos et capitulum ecclesie cathedralis Sancti Gervasii Suessionensis, magistros gubernatores et administratores hospitalis et domus Dei Sancti Gervasii, defensores ex altera, pro parte dictorum actorum plura facta et rationes proposite fuissent ad finem seu fines, que mediis et causis in processu declaratis dicti defensores ad predictos actores nominibus

---

1. L'impression sera faite in-24 ou in-32, « à huit feuilles ou autrement, jusqu'au nombre de dix rames, » et sera payée « pour chaque rame 5 sols. »

supradictis de hereditagiis, terris et dominiis latius in litteris baillii per eos dicto defuncto Hicquemen facti declaratis uti et gaudere faciendum, et eadem hereditagia ac turbationes omnes et impedimenta garentisandum et defendendum, atque ad tredecim processus inter eos cum dicto defuncto et pluribus aliis partibus, ratione hereditagiorum in dicto processu declaratorum, pridem intentatos diffinire et terminare suis propriis expensis faciendum, necnon ad dictis actoribus nominibus supradictis mille librarum turonensium summam aut talem aliam summam, ut rationis esset, et qualem dictum defunctum in prosecutione supradictorum tredecim processuum exposuisse monstrarent in eo quod supradicti defensores de dicto garimento totum contenta, in dictis litteris baillii insequendo tenebantur, solvendum et restituendum omnibus viis et modis debitis et rationabilibus compellendo, dictique defensores ad dictis conjugibus nominibus supradictis expensas, damna et interesse per dictum defunctum habita et sustenta et que, ob defectum rerum predictarum non factarum et per supradictos defensores non impletarum, contenta in dictis litteris baillii insequendo oblacionemque dictorum defensorum in quantum opus esset inadmissibilem esse declarando, non obstantibus quibuscumque in contrarium propositis, eosdem defensores ab eisdem depellendo solvendum ac in suis expensis, damnis et interesse condamnarentur. Pro parte vero dictorum defensorum plura in contrarium facta et rationes proposite fuissent ad finem seu fines que mediis et causis etiam in processu declaratis supradicti defensores a demandis, requestis et conclusionibus dictorum actorum eosdem actores suis expensis, damnis et interesse condamnando absolverentur. Tantumque processum extitisset quod dictis partibus auditis et in factis contrariis et inquesta ipsaque per dictas partes minime facta litteris, titulis et munimentis dictarum partium traditis et productis et tandem iisdem partibus in jure salvo ad jus faciendum super certo incidenti litterarum, a defuncto carissimo domino consanguineo et predecessore nostro Ludovico rege duodecimo, per dictos defensores, vicesima secunda junii anno Domini millesimo quingentesimo septimo obtentarum, per quas dicto preposito nostro, seu ejus locumtenenti, dictos impetrantes ad certa facta articulandum ac eadem facta probandum recipi mandabatur, ipsaque inquesta per dictos impetrantes super factis in eisdem litteris contentis facta appunctatis. Prefatus prepositus noster seu ejus locumtenens, per suam sententiam quod dicte littere per supradictos defensores vicesima secunda junii anni Domini millesimi quingentesimi septimi obtente, unacum inquesta medio earumdem litterarum facta dicto processui pro eisdem talem, ut rationis esset, respectum habendo jungerentur dixisset, et insuper dictos defensores a demandis, requestis et conclusionibus dictorum actorum absque dannorum et interesse, eorumdem actorum in casu evictionis dictorum hereditagiorum aut partis eorumdem, de quorum garimento tenebantur prejudicio pro tunc absolvisset, et nichilominus quod dicti defensores contribuere in futurum pro medietate fredarum in dictis processibus intentatis, et de quibus in dicto processu facta est mentio faciendarum tenerentur absque expensis hujusmodi processus appunctasset. Fuit a dicta sententia pro parte dictorum conjugum ad nostram Parlamenti curiam appellatum; auditis igitur in dicta curia nostra partibus antedictis in causa appellationis predicte processuque an bene vel male fuerit appellatum, junctis gravaminibus dictorum appellantium in promptu traditis, quibus dicti intimati infra tempus ordinationum respondere possent ad judicandum recepto ac inhibicionibus dictis partibus hinc inde, sub pena perditionis cause et centum marcharum argenti, ne altera alteram ratione dicti processus in prefata curia pendentis ac deppendatiarum ejusdem alibi quocunque dicta curia prosequeretur factis, eoque unacum dictis gravaminibus et productione nova dictorum appellantium responsionibus dictorum intimatorum minime traditis viso, prefata curia nostra que, antequam ad dicti processus judicium procederetur, dicta inquesta ad requestam dictorum intimatorum facta publicaretur et contra testes ejusdem dicti appellantes reprobationes infra octavam tradere possent, ordinasset, predictosque appellantes ad dictis intimatis omnia arreragia per eosdem appellantes ad causam baillii adfirmati, die sancti Johannis Baptiste anni Domini millesimi quadringentesimi nonagesimi quinti, dicto defuncto Hicquemen per supradictos intimatos facti debita solvendum, et ad eumdem redditum de cetero per modum provisionis pendente processu et cuousque aliter per dictam curiam nostram aliter ordinatum foret, solvendum et continuandum condannasset, predictaque incuesta postmodum publicata ac dictis testium reprobationibus et contradictis penes eamdem curiam nostram per dictos appellantes traditis, supradictis intimatis se aliquas salvationes adversus dictas reprobationes et contradicta nole tradere declarantibus, eodemque processu unacum dictis reprobationibus et contradictis testium iterum viso et diligenter examinato; memorata curia nostra per suum judicium appellationem predictam absque emenda et expensis cause appellationis in vim noviter factorum adnullavit et adnullat et ex causa, et per idem judicium eadem curia nostra quod dictus processus absque veritatem factorum in dictis reprobationibus contentorum bene judicari potest, declarando quod sententia predicti prepositi nostri seu ejus locumtenentis suum plenum et integrum sortietur effectum, dictos appellantes in expensis incidentis dictarum litterarum per supradictos intimatos a dicto predecessore nostro obtentarum, earumdem expensarum taxatione dicte curie nostre reservata condannando ordinavit atque ordinat. Pronunciatum decima quarta die augusti, anno Domini millesimo quingentesimo decimo septimo.

Collatio facta est. Extractum a Registris Curie Parlamenti.

De Veignolles.

(Arch. hospitalières de Soissons, liasse 78, n° 21.)

II.

*Bail d'une maison sise à Paris, au Clos-Bruneau,
louée à Henri Estienne, imprimeur.*

(4 octobre 1518.)

Noble et religieuse personne frère Charles des Ursins, chevalier de l'ordre mons^r Sainct Jehan de Jérusalem et commandeur des commanderies de Sainct Jehan de Latran à Paris et de Sainct Estienne de Reneville, en son nom et comme soy faisant et portant fort des religieux et couvent de ladite église de Sainct Jehan de Latran et les religieux et couvent de Sainct Jehan en l'Isle lez Corbeil, confesse èsdits noms avoir baillé et délaissé à tiltre de loyer d'argent du jour de Noël prouchainement venant, jusques à vingt neuf ans, et promet èsdits noms garentir, etc., à honnorable homme Henry Estienne, marchant imprimeur de livres, bourgeois de Paris, à ce présent, preneur audict tiltre durant ledict temps, pour luy, ses hoirs, etc., une maison ainsi qu'elle se comporte, appellé les Escolles de Corbueil, assise à Paris, rüe du Cloz Brunel, devant les Escolles de décret, où est pour enseigne, contre le mur et au dessus de la porte d'icelle maison, l'ymaige mons^r Sainct Jehan Baptiste, ausdictz chevalier, religieux de Sainct Jehan de Latran et les religieux de Sainct Jehan en l'Isle appartenant chascun par tiers, tenant d'une part icelle maison à m° Raoul Bidet et d'autre part au jeu de paulme, ainsi que ledict preneur en a joy et s'en est aidé le temps passé, comme encores faict de présent; ce bail faict moyennant et parmy le pris et somme de trente quatre livres tournois que de loier par chascun an; durant ledit temps, ledit preneur en sera tenu paier par tiers, c'est assavoir, audit sieur chevallier ung tiers, l'autre tiers ausdits religieux de Sainct Jehan de Latran et l'autre tiers ausdits religieux de Sainct Jehan en l'Isle lez Corbueil, aux quatre termes en l'an à Paris acoustumez, premier terme de paiement commançant à Pasques prouchainement venant; et sera tenu ledit preneur faire toutes et chascune les réparations tant grosses que menues et faire toutes et chascune les widenges tant de fausses à aeu que de aysemens; et, si desmolist aucune chose, il sera tenu restablir en la fin dudit temps, le tout remettre et laisser en bon estat, nature, réparation et valleur, promettant, obligeant èsdits noms, etc., renonceant, etc. Faict l'an 1518, le lundi iiiie jour d'octobre.

(Minutier de Me Vassal, notaire à Paris.)

III.

Contrat de mariage de Robert Estienne avec Perrette, fille de Josse Bade.

(9 juillet 1526.)

Furent présens en leurs personnages honnorable homme m^e Josse Badius, marchant imprimeur libraire, bourgeois de Paris, en son nom, stipullant en ceste partie pour Perrette, fille de luy et de Hottelye, sa femme, d'une part, et Robert Estienne, aussi imprimeur et libraire à l'auctorité de Simon de Colines, dudit estat, et m^e Gilles Nepveu, procureur au Chastellet et bailliage de Paris, à ce présens, qui ont esté ses tuteurs et curateurs, d'autre part; lesquelles parties de leurs bons grez, etc., confessent avoir faiz, feirent et font entre eulx et l'un d'eulx avec l'aultre les traictié, accordz, douaire, promesses, apointement et autres choses qui s'ensuyvent, pour raison du mariage qui, par le plaisir de Notre Seigneur, sera fait et solempnisé en saincte Église desdicts Robert Estienne et Perrette; c'est assavoir ledit Badius avoir promis et promect donner et bailler ladite Perrette, sa fille, par loy et nom de mariage, se Dieu et nostre mère saincte Église s'i accordent. audit Estienne, qui icelle a aussi promis, sera tenu et promect prendre en sa femme et espouze le plus brief que faire se pourra, et advisé entre eulx, leurs parens et amys; en contemplation, faveur et advancement duquel mariage, et pour à icelluy preneur ledit Badius a promis, sera tenu, promect et gaige baillier et paier ausditz mariez futurs la somme de mil livres tournois en ceste manière, assavoir est six cens livres tournois en deniers contans le jour de leurs espcusailles, deux cens livres tournois en volumes de livres des sortes et impression dudit Badius, telz que ledit Estienne vouldra eslire et choisir, et au pris des marchans, et les aultres deux cens livres tournois en habillemens pour l'usage de ladite Perrette selon son estat; et, partant, ledit Estienne doua et doue ladite Perrette sa femme future de douaire coustumier, pour icelluy avoir et prandre si tost, etc., et dedans la première année dudit mariage et après la consommation d'icelluy, mil livres tournoiz de telz biens qui seront trouvez estre communs entre eulx au jour du trespas, et selon la prisée qui en sera faicte d'iceulx biens par l'inventaire qui s'en fera, etc., obligeant, etc., y renonçant, etc. Faict et passé l'an mil cinq cens vingt six, le lundi ix juillet.

[Au dos :] Ledit Robert Estienne confesse avoir receu dudit mᵉ Josse Badius, à ce présent, la somme de mil livres tournoiz, qui lui avoient et ont esté promis, etc.

(Minutier de Mᵉ Vassal, notaire à Paris, liasse 8.)

IV.

Sentence des requêtes du Palais, condamnant Regnault Chaudière, libraire à Paris, et sa femme, fille de la veuve de Henri Estienne, à abandonner les terres et seigneuries de Dracy et Pisselou.

(8 juillet 1536.)

A tous ceux qui ces présentes verront, Jehan d'Estouteville, chevallier, seigneur de Villebon, La Gastinne, Blainville, Boislandry, Fretigny et Viantes, capitaine et bailly de Rouen, conseiller du Roy nostre sire, gentilhomme ordinaire de sa chambre, capitaine de cinquante hommes d'armes des ordonnances du Roy nostredit seigneur et garde de la prévosté de Paris, salut :

Comme procès feust meu et pendant en jugement devant nous ou Chastellet de Paris, entre les prévost, doyen, chanoynes et chappitre de l'église de Soissons, gouverneurs et administrateurs de l'Hostel Dieu Saint Gervais dudict Soissons, demandeurs et requérans l'entérinement de certaines lettres royaulx par eulx obtenues le vingt quatriesme jour de décembre l'an mil cinq cens trente trois dernier passé, d'une part; et Symon de Colines et sa femme, paravant femme de feu maistre Jehan Hicquemen, Damyen Hicquemen, Regnault Chauldière et sa femme, héritiers de feu maistre Jehan Hicquemen, deffendeurs à l'entérinement des lettres royaulx, d'autre part; sur ce que lesdits demandeurs oudit nom disoient et maintenoient que audict Hostel Dieu Saint Gervais de Soissons, à cause de la fondation, dotation et augmentation d'icelluy, entre aultres choses competoit et appartenoit d'ancienneté la maison, terre et seigneurie de Pisselou, assise entre Citry et Pavant, qui se consiste en maison manable, prez, terres, boys, cens, rouage, vinage et aultres droictz seigneuriaulx qui se parsoyvent tant audit lieu de Pisselou que Drachy, assis sur la rivière de Marne, et, entre autres choses, à cause d'icelle maison, appartenoit audit Hostel Dieu une pièce de pré nommée la Vintonne, contenant vingt arpens ou environ, tenant d'une part au gourdel dudit Pisselou, aboutissant d'un bout aux prez de Sainct Aignen de Drachy, item, un autre pré..., tous lesquelz lieulx dessus déclairez audit Hostel Dieu appartenans lesdits demandeurs ou leurs prédécesseurs èsdictz noms de maistres et gouverneurs d'icelluy Hostel Dieu, comparans pardevant deux notaires dudit Chastellet de Paris dès le vingt ungiesme jour d'aoust mil quatre cens quatre vingtz dix sept, baillèrent, ceddèrent et transportèrent à tiltre d'amphitéote de loyer d'argent jusques à quatre vingtz dix neuf ans et despoulles finées et acomplies à feu maistre Jehan Hicquemen, soy disant bourgeois de Paris et messaiger juré en l'Université dudit lieu, moyennant la somme de trente quatre livres tournois qui de loyer par chascun an leur en permist lors payer en la ville de Soissons ès jours Saint Martin d'iver et Pasques chascun par moittié, ainsi que par les lettres de ce faittes apparessoit plus amplement, et que, en faisant ledict bail et aliénation desdicts héritaiges, ne furent aucunement gardées ne observées aucunes sollempnitez nécessairement requises, et si n'y avoit aucun consentement ou décret du supérieur, et à la vérité n'estoit expédiant faire ledict bail ne le proffict et utilité dudit Hostel Dieu, mais au contraire en icelluy faisant auroit esté entierement circonvenu, frauldé et déceu; à ceste cause, lesditz demandeurs, pour le prouffict et utilité des povres qui en grant affluence sont receuz oudict Hostel Dieu, suivant leur administration, ont obtenu lettres royaulx à nous adressantes, par lesquelles auroient requis l'entérinement par devant nous à l'encontre desdits deffendeurs, eulx disans héritiers dudict deffunct de Hicquemen, et comme détenpteurs et occupateurs d'iceulx lieulx contencieulx; desquelles lettres royaulx lesdicts demandeurs eussent en concluant requis l'entérinement, et en ce faisant prins leurs requestes et conclusions tendant et concluant par le moyen d'icelle ad ce que lesdictes lettres royaulx par eulx obtenues leur feussent par nous entérinées selon leur forme et teneur, comme justes, civiles et raisonnables, et en ce faisant ledict bail faict par leurs prédécesseurs audict feu Jehan Hicquemen à quatre vingt dix neuf ans des lieux et choses cy dessus déclairées feust rescindé, cassé et adnullé, et comme tel les lettres d'icelui feussent rendues et restituées ausdictz demandeurs comme cassées, nulles et de nule valeur, et lesdictz deffendeurs condenpnez à eulx désister et départir de la détenption et occupation d'icelle maison, terres et appartenances, et en rendre et restituer ausdictz demandeurs èsdictz noms les fruictz et esmolumens par iceulx deffendeurs et ledict feu Jehan Hicquemen leur prédécesseur prins et parceuz, où que lesdictz demandeurs eussent peu prandre et parcevoir soubz l'estimation commune; sur iceulx, toutesvoyes déduictes les méliorations, s'aucunes avoient esté faictes audit lieu, nonobstant chose proposée ou maintenue au contraire par lesdits deffendeurs dont ilz feussent déboutez et condempnez ès dépens desdits demandeurs; et au contraire disoient et maintenoient lesdictz deffendeurs que lesdictes lettres royaulx estoient et sont subreptices, inciviles et déraisonnables, et, n'estoient lesdits demandeurs recepvables, au moings avoient tort à demander l'entérinement d'icelles, et avoir prins les demande et conclusions qui s'estoient efforcez prandre au moien desdites lettres royaulx, car le donné à entendre ne seroit et n'estoit véritable, et davantaige que lesdictz demandeurs ont eu beaucoup de moyens, lesquelz, s'ilz eussent donné à entendre, le Roy ne eust baillé ne octroié lesdictes lettres royaulx, aussi qu'elles estoient et sont subreptices et obreptices par les moyens dessus récitez, elles seroient et sont incivilles et déraisonnables, et mesmement seroict prouvé et monstré en temps et lieu, et par escript et par tesmoings que, lors dudit bail, qui estoit de l'an mil quatre cens quatre vingtz et quinze, lesdictz lieux de Pisselou et aultres, déclairez oudict bail, estoient en masure, friche, désert et non valleur, où il estoit nécessaire refaire de neuf les édifices qui estoient en masures, deffricher et déserter les terres et les mettre en nature de labour, et si estoient les censives et droictz esgarez et incongneuz et les faire recouvrer et en avoir congnoissance, se ne seront sans grant peine et difficulté, et estoit ladite ruyne, désolation, friche et délaissement desdits lieux en tel estat par et au moien des guerres et malice du temps qui auparavant avoient couru, mesmement des guerres des Anglois et Bourguignons, tellement que, lors dudit bail cy dessus déclairé et auparavant, lesditz lieux estoient en nulle valloir... Jour est assigné aux présentes sentences qui par nous seront données et prononcées ou Chastellet de Paris à maistre Claude de la Louette, procureur des doyen, chanoynes et chappitre de Soissons, gouverneurs et administrateurs de l'Hostel Dieu dudit Soissons, contre maistre Guillaume Buron, procureur de Regnault Chaudière, sa femme, Simon de Colines, sa femme et Damien Hicquemen ès noms, à oyr droit en différence, si bonnement se peult faire, et dedans quinzaine lesdictes parties bailleront leurs contredictz et aller avant, etc. Faict le mercredi vingt sixiesme jour de may l'an mil cinq cens trente cinq. Ainsi signé : G. Leclerc.

Lequel jour d'oyr droict eust esté continué et entretenu tant de nostre office comme aultrement deuement jusques à huy, datte de ces présentes, que lesdictes parties nous eussent requis droict leur estre faict sur ledict procès. Savoir faisons que, veu de nous icelluy procès, les faictz, raisons et escriptures desdites parties, les noms, dictz et deppositions des tesmoings jurez oyz et examynez à leurs requestes certains faictz de reproches, contredictz et salvations, et tout ce que par elles a esté mis et joinct oudict procès avec ledict appoinctement d'oyr droict en diffinitive prins en icelluy cy dessus transcript, sur ce faire droict sur lesditz faits de reproches, contrediz et salvations, et tout veu et considéré, ce qui faisoit à veoir et considérer en ceste partie en sur ce conseil à saiges, nous disons que le procès se peult bien juger en diffinitive sans enquérir la vérité des faitz de reproches, contredictz et salvations desdites parties, et au seurplus que, en ayant esgard aux lettres royaulx par lesdits demandeurs obtenues, condempnons lesdits deffendeurs à eulx désister et départir de la détention et ocupation dudit lieu, terre et seigneurie de Pisselou, appartenances et deppendances dont cy dessus et oudict procès est faicte mention, et à rendre et restituer les fruictz soubz l'estimation commune depuis contestation faicte en cause, et en rendant et restituant par lesdits demandeurs ausdits deffendeurs les réparations utiles et nécessaires par eulx ou leurs prédécesseurs faictes èsdits lieux... En tesmoing de ce, nous avons faict mettre à ces présentes le scel de ladite prévosté de Paris. Ce fut fait et prononcé en jugement devant nous oudit Chastellet en la présence des procureurs desdites parties, le samedi huictesme jour l'an mil cinq cens trente six, dont maistre Guillaume Buron, procureur desditz deffendeurs, appella en Parlement.

(Arch. hospitalières de Soissons, liasse 78, n° 32.)

V.

Extraits des comptes de l'Hôtel-Dieu de Soissons, relatifs à la propriété de Pisselou, près Drachy, possédée par Henri Estienne, du chef de sa femme.

(1547-1548.)

De la veuve de m° Jehan Hicquement et Regnauld Chauldière, libraire demeurant à Paris, pour la maison de Pisselou, située et assize entre Citry et Pavant, avec touttes les appartenances d'icelle comme prez, terres, bois, cens, roaiges, vinaiges et tous droictz seigneuriaulx qui compettent et appartiennent audit Hostel Dieu et qu'il ont droict de prendre audit Pisselou et Drachy, assis sur la rivière de Marne, le tout déclaré ès lettres sur ce faictes et ou compte de l'an mil V^{c}XXXIX, que ledit Hicquement a prins le terme et espace de iiii^{xx}xix ans et iiii^{xx}xix despoulles aux charges de faire exercer la mairie à ses propres coustz et despens, la descharger de tous procès et appeaulx, le tout conduire sa fin, de garder la justice desdits lieux de Drachy et Pisselou, payer les gaiges du bailly et officiers et de en descharger ledit Hostel Dieu, et, pour faire exercer ladite mairie et tenir les plaictz généralz pourra instituer bailly et officiers ou nom dudit hospital, bailler poix parmy seize onces pour livre, mesure à bled, à vin et à avoine, aulne, et faire faire tous exploictz de justice ou nom dudit hospital, tenu de renouveller les papiers desdits lieux comme des cens et héritaiges qu'ilz tiennent des droictz seigneuriaulx, et iceulx bailler audit Hostel Dieu deuement renouvellez de six ans en six ans, ensemble de paier par chascun an audit hospital, aux jours Sainct Martin d'iver et Pasques communaulx, la somme de LXX livres tournois, en laquelle ilz ont esté condempnez par arrest de Parlement. Donné le XIIIe jour d'aoust mil V^c XLI, sur la rescision de contract jà piéçà prétendue à l'encontre des dessusnommez, dont procès a esté déduict par devant le prévost de Paris, de la sentence duquel auroit esté appellé en ladite Court de Parlement, avec ce tenus les dessusdiz payer et acquitter chascun an à l'église de Longpont la somme de sept sols parisis pour ladite ferme, icy pour la rente pour la LIIIe année..., LXX livres tournois.

(Arch. hospitalières de Soissons, liasse 420, fol. 41 v°.)

Debtes comptées pour receues et elles ne le sont pas.
A Henry Estienne, fermier de Pisselou..., XXVII livres IIII sols parisis.
(Ibid., liasse 380, fol. 46 v°.)

Arréraiges et deniers deubs au prouffit de l'Ostel Dieu par les héritiers feu m^e Jehan Hicquemand, c'est assavoir par Henry Estienne, libraire demourant à Paris, mary et bail de Guyon, femme dudit m^e Jehan Hicquemand, pour la maison de Pisselou sur la rivière de Marne.
(Ibid., liasse 383, fol. 46 v°.)

Item, pour ung voyage fait à Paris par ledit officier [Claude Pointrinel] pour faire distribuer le procès contre Henry Estienne pour la terre de Pisselou qui soloit estre ès mains de M. de Geuvillat et mettre ès mains de M. Ruzé, où ledit officier a vacqué par quatre jours, pour ce, cy... LXIIII sous parisis.

Item, pour gibier présenté audit Ruzé affin de expédier la matière et l'avoir pour recommandée..., XX sous parisis.
(Ibid., liasse 385, fol. 40.)

Debtes comptées pour receues et elles ne le sont pas.
A Henry Estienne, pour Pisselou, pour plusieurs années précédentes..., VI^{xx}XVI livres parisis. A lui, pour l'an de ce présent compte..., XXVII livres IIII sous parisis.
(Ibid., liasse 386, fol. 47.)

Ung processe contre Henry Estienne, mary de Guion, délaissié m^e Jehan Hicquemant, pendant en la Cour de Parlement par le prévost de Paris, prest à juger.
(Ibid., liasse 386, fol. 49.)

Recette.
De Henri Estienne, pour les arrérages de la maison de Pisselou, en quoy il a esté condamné par arrest de Parlement, pour les années mil V^c IIII à V^c XV, en huit livres douze sous parisis qui estoient

deubz du terme de Pasques mil Vᶜ et trois, desduictz et rabatus les présens soleil dont mention est faicte au compte mil Vᶜ et neuf; pour ce, cy... III°IIII livres XII sous parisis.

(Ibid., liasse 388, fol. 12.)

VI.

Lettres de Henri Estienne à Ulric Fugger, son protecteur.

(21 janvier et 8 mars 1559.)

Quamvis decrevissem, vir illustrissime, meum ad te scribendi officium tantisper intermittere, dum aliquid ad tot superiores meas literas responsum fuisset, nunc tamen intermissum id repetere operæ pretium existimavi, ne tu in malam partem tam diuturnum meum silentium interpretareris. Scrimgerus[1] quidem certè non est quod vel unam a me syllabam expectet, donec quæ fecit mihi silentio suo damna sarciverit. Cæterum antea (ex quo ad me scribens, tuis verbis id mihi imperavit) de iis quæ in Gallia gererentur, subinde ad te scribere solitus, nunc si idem facere non pergo, mirari minime debes. Nam interdum mihi venit in mentem fieri posse ut hujusmodi scriptiones meæ, aut quod intempestivæ, aut quod indecoræ, aut quod non exactæ, aut denique quod insulsæ essent, te offenderint potius quam oblectaverint. Nec vero dici potest (mihi crede) quam perplexo sim animo ob tam diuturnum literarum vestrarum desyderium. Adeo ut novas mihi fingam quotidie offensionis causas, quarum utinam a me nulla vera comperiatur, quum te coram alloquar. Quod, Deo juvante, brevi fiet. Omnino enim ut ad primo quoque tempore proficiscar (ut præsenti saltem Scrimgerus respondeat) res meæ postulant et impellunt. Sed expecto dum ad calcem voluminis Diodori Siculi perventum fuerit; pervenietur autem paucos dies crasque excudetur mea in illum præfatio, tibi (ut par fuit) dicata. Spero autem fore ut quum literati omnes ex me intellexerint quod res habet, nimirum hunc tam multis eorum votis expetitum scriptorem, tandem ex officina mea ductu tuo auspiciisque prodire, immortales tibi gratias agant, Deumque, ut te ipsis diu servet incolumem, mecum indesinenter orent. Vale, Mecænas optime. Ex typogr. mea, XII cal. februarii.

Tuus ex animo, totusque tibi deditus,

Henr[icus] Steph[anus].

⁎⁎⁎

Experior in me verum non esse, vir illustrissime, tritum illud sermone vulgi proverbium, literam non erubescere. Nunc enim ad te

---

1. Professeur à l'Académie de Genève, écossais d'origine.

scribens, non secus erubesco, mihi crede, quam coram et te in os intuens, ac te alloquens, erubescerem. Imo et tum quoque erubui quum primum Henrici literas accepi, ac legere verba quædam earum cœpi, utpote mihi si non negligentiæ, at certe non satis magnæ diligentiæ conscius. Qualecunque tamen est hoc meum peccatum, et sive negligentia, sive imprudentia, sive incogitantia nominari debet, a te mihi condonari nolim, donec, adhibita contra diligentia insigni in re quapiam a te mihi injuncta, correctum fuerit. De omnibus sigillatim ad Henricum tuum scribo; et quo pluribus ad eum scripsi, eo paucioribus ad te scribendum existimavi, præsertim impediente eo, cujus antea memini, rubore. Pater te officiosissimè salutat, de cujus voluntate ad Henricum scripsi, et ille, quod habent suæ ad te literæ ac majora etiam, præstiturum se pollicetur. Deus te suo spiritu perpetuo regat et gubernet, et te diu literis incolumem servet. Vale. Genevæ, VIII id. martii.

Tui observantissimus,
Henr[icus] STEPHANUS.

(Bibl. du Vatican, à Rome, cod. Palatinus lat. 1902, fol. 59-61.)

VII.

Appointements d'hoirie, en suite d'arbitrages, dans la succession de Robert Estienne, par lesquels Henri Estienne demeure propriétaire du fonds de l'imprimerie.

(30 octobre 1559.)

Au nom de Dieu. Sachent tous qui ces présentes lettres verront, lirront et ourront, comme ainsi soyt que défunct honorable Robert Estienne, luy vivant bourgeois et maistre imprimeur de Genève, par son testament eust chargé honorable Henry, son filz et héritier, de bailler à Jehanne et Catherine Estienne, ses filles, et à chascune d'elles, la somme de neuf cens livres tournoys, oultre la somme de sept cens livres tournoys à chascune d'elles baillée auparavant pour leur dot et mariage, et en icelles sommes, montans pour chascune seize cens livres tournoys, ledict défunct les eust instituées ses héritières; toutesfoys, honorables Jehan et Estienne Anastaizes, maris desdictes Jehanne et Catherine[1], à cause d'elles, eussent prétendu plus grandes sommes pour le droict et légitime de leurs susdittes femmes, de quoy eust respondu ledict Henry que ledit testament debvoit sor-

---

1. Le double contrat de mariage des frères Anastaze, signé le 9 juillet 1559, se trouve conservé dans les archives des notaires de Genève, minutes Ragueau, vol. III, fol. 155.

tir son effet et que lesdictz Anastaizes n'avoient moyen ny raison pour iceluy débattre ou anuler, et que mesmes sesdictes sœurs avoient plus que leur légitime, attendu que ledict défunct l'avoyt chargé de plusieurs légats par son testament, oultre les grandes debtes de deniers empruntés par ledict défunct, joinct que ledict Henry estoit, par ledit testament, adstraint à continuer l'estat d'imprimerye en ceste église, et plusieurs choses qui luy randoient l'hérédité et succession de sondict père fort onéreuse ; et, au contraire, que sesdictes sœurs avoient leur part et portion claire et liquide, sans aulcune charge ni adstriction, et aussy s'estoit toujours employé avec son labeur et les biens de luy et de sa femme au proffit et utilité de leur maison, sans aulcung sallaire ny récompense de ce que leurdict père luy avoit promis ; et encore eussent lesdicts Henry Estienne et Anastaizes audit nom, par l'advis et organe d'honorable Jean Anastaize, leur père, dict et allègue plusieurs aultres causes et raisons d'une part et d'aultre, au moyen de quoy estoient lesdicts Henry et Anastaizes en voye de tomber en procès et différens, pour ausquels obvier et nourrir paix entre eux, comme frères, et éviter les despens qui s'en pourroient ensuivir, se seroient submis de tous leurs différens estans entre eux pour raison de l'hérédité et succession dudit défunct Robert Estienne, à l'advis et arbitrage de spectables Jehan Calvin, Jehan Maccard, ministres du Sainct Évangile en nostre cité; spectable Germain Colladon et Laurent de Normandie, docteur es droicts[1]; honorable Conrad Badius, oncle maternel desdicts Estienne, imprimeur; honorable Michel Duboys, aussy imprimeur et marchand, tous bourgeois de Genève, lesquelz, considérans les raisons et allégations desdictes partyes et les facultés et grandes charges de ladite succession, joinct la volonté du père, qui auroit faict tel testament pour le regard non seulement de continuer et conserver l'estat de son imprimerie toute entière en sa famille et au profit d'icelle, mais aussy pour servir à l'église et au public, et aussy que ladicte succession pourroit aulcunement advenir ausdites Jehanne et Catherine ou à leurs hoirs, selon la disposition dudit testament, et pour aultres bons respectz, ont amiablement advisé d'accorder lesditz Henry et Anastaizes audict nom, comme est cy après déclaré, et suyvant leurdict advis qui auroyt esté accepté par lesdictes partyes :

Ce jourd'hui, pénultiesme jour d'octobre l'an mil cinq cens cinquante neuf, pardevant moy, Jehan Ragueau, notaire public et bour-

---

1. Tous ces témoins sont trop connus dans l'histoire du protestantisme pour qu'il soit nécessaire d'insister davantage ici. Nous avons retrouvé d'ailleurs plusieurs documents qui attestent les relations commerciales de François Estienne avec Laurent de Normandie (Archives des notaires de Genève, minutes Ragueau, vol. VIII, fol. 204, et vol. IX, fol. 195).

geois juré de Genève, soubzsigné, et les tesmoings soubznommés, s'est personnellement constitué ledict Henry Estienne, d'une part, et lesdicts Jehan et Estienne Anastaizes avec Jehanne et Catherine Estienne, leurs femmes, d'autre part ; lesquelles partyes certaines bien conseillées et advisées en leurs droictz et affaires, de leur pure et libre volonté, et tant pour elles que leurs hoirs ou ayans cause d'elles, et encore lesdictes femmes, avec l'authorité de leursdicts marys, que pour faire et passer le contenu au présent public instrument, les ont authorisées, ont, suyvant l'advis amiable susdict et en la présence dudict honorable Jehan Anastaize, père desdits Jehan et Estienne, transigé et accordé de leursdicts différens comme s'ensuyt : à sçavoir que le testament dudict défunct sortira son effet à l'esgard desdictes parties, sauf toutesfoys que ledict Henry a promis et sera tenu bailler à chascune de sesdictes sœurs, pour leur droict d'hérédité et succession de leurdict père, suyvant ledit testament, la somme de neuf cens livres tournoys, non pas en livres, comme avoit esté ordonné par iceluy testament, mais en argent, sçavoir est la somme de neuf cens livres tournoys dedans ung an prochain à compter du quinziesme jour de septembre dernier passé, et aultre semblable somme de neuf cens livres tournoys dedans deux ans prochains à compter dudict jour, mesme durant lequel temps il sera tenu en payer le profit pour rate de ce qu'il le tiendra, à raison de l'édict de nos magnifiques seigneurs et supérieurs de ceste cité, ledict profit payable chascun an, à sçavoir une moistyé à chascune feste de Pasques et l'autre moistyé à la fin de chascune année et terme ; et, néantmoins, si pendant ledict temps il baille quelque partye selon sa commodité, ledit profit sera diminué à raison de la somme et pour rate du temps qu'il le baillera ; plus a esté dict et accordé que, si ledict Estienne Anastaize a affaire de quelques sortes de livres de la maison ou impressions dudict défunct et Henry, pour l'assortiment de son estat de libraire, dont il s'entremect, iceluy Henry sera tenu luy en bailler au prix des marchans, en desduisant toutesfoys le quart denier, et ce en déduction de ladicte somme de neuf cens livres audict Estienne Anastaize, deue à cause de sadite femme et aussy du profit susdict, promettans lesdictes partyes respectivement, par leur foy et serment prestés ès mains de moy, dict notaire, observer et entretenir le contenu cy dessus et n'y jamais contrevenir en manière et façon que ce soyt, et ce soubs l'obligation et hypothèque de tous et chascuns leurs biens meubles et immeubles présens et à venir, lesquels, pour ce ensemble, leurs personnes elles ont submis et submettent à toutes cours et jurisdictions où trouvés seront, et ont renoncé et renoncent à tous droictz, statuts, libertés, franchises, privilèges et bénéfices de restitution par le moyen desquelz elles y pourroient contrevenir, mesme au droict disant la générale renonciation non valloir, si la spéciale ne précède, et lesdites Jehanne et Catherine, de l'authorité susdicte, au bénéfice du sénat vallérien, par lequel les femmes ne se peuvent obliger pour aultruy, et tous aultres bénéfices et privilèges introduits ou à introduire en faveur des femmes, voulans aussi lesdites partyes que, à chascune d'elles, soit faict ung instrument public des choses susdictes, ou plusieurs si besoin est, semblables toutesfoys en effet et substance que dessus.

Faict et reçu par moy, dict notaire, les jours et an susdits, en l'hostel dudict spectable Jehan Calvin, situé en la rue des Chanoines; présens noble Adrian de Prigniault, seigneur de Villemongys, de l'honorable Antoine Calvin, marchant, tous deux bourgeois de Genève, tesmoingtz ad ce requis et appelez.

(Signé :) Ragueau.

Au nom de Dieu. Sachent tous qui les présentes lettres verront, lirront et ourront, comme ainsy soit, que défunct honorable Robert Estienne, luy vivant bourgeois et maistre imprimeur de Genève, par son testament, aye institué honorable Henry Estienne, son fils, son seul et universel héritier, aux charges toutesfoys contenues en sondict testament et entre aultres de bailler à François Estienne, son fils et frère dudict Henry, la somme de deux mille livres tournoys, et en icelle somme de deux mille livres tournoys eust institué ledit François son héritier aux conditions contenues audit testament, de laquelle somme toutesfoys ledict Françoys, avec l'authorité d'honorable Conrad Badius, son oncle maternel et curateur, ne se seroyt voulu contenter, disant que sa quarte légitime excéderoyt ladicte somme de deux mille livres tournoys, et aussy que sondict père l'avoit adstrainct par le moyen d'icelle à plusieurs choses qui lui sont grièves et onéreuses, et pour ces causes et aultres vouloit agir à l'encontre dudit Henry pour le supplément de sadicte légitime; à quoi ledit Henry respondit que ledict testament debvoit sortir son effect, veu mesmes les causes déclarées par iceluy et que ledict Françoys n'avoit moyen ni occasion de se douloir, et que mesmes ladicte somme excéderoit sa légitime prétendue, en considérant les grandes charges et conditions soubz lesquelles ledit défunct, leur père, avoit institué iceluy Henry son héritier, et que les biens ne se trouveroient de si grande valleur et estimation que prétendoit ledict François, joinct que ledit François n'estoit adstrainct ni chargé de conditions tant onéreuses que ledit Henry, qui avoit à payer et supporter de grandes debtes, et qu'il n'y auroit des biens pour satisfaire commodément auxdictes debtes et fournir aux grands fraiz du train d'imprimerye dont il est chargé nécessairement de l'entretenir; considéré aussy que l'on ne peult facilement avoir desducte des livres pour trouver argent en nécessité et qu'il y a grand hazard en telle marchandise que il est notoire, combien que le principal de ladicte succession consiste ne telle marchandise, tellement que ledit Henry se trouveroit bien empesché pour entièrement accomplir ledit testament paternel, tant par les raisons susdictes que plusieurs aultres par luy alléguées; comme aussy, au contraire, ledict François persistoit en son dire et querelle par plusieurs raisons, au moyen de quoy estoient lesdits Henry et François Estienne en voye de tomber en procès et différens, pour auxquels obvier et nourrir paix entre eulx comme frères et éviter les despens qui s'en pourroient ensuivir, se seroient lesdicts Henry et François, par l'advis et conseil de leurs parens et amys, mesmes ledict François par le conseil et l'authorité dudit Badius, son oncle et curateur, submis, de tous leurs différens estans entre eulx pour raison de l'hérédité et succession de leurdict père, à l'advis et arbitrage amiable de spectables Jehan Calvin, Jehan Maccard, ministres du Sainct Évangile en ceste cité, spectables Germain Colladon et Laurent de Normandie, docteurs ès droicts, honorable Michel Duboys, imprimeur et marchant, tous bourgeois de Genève, présens, lesquelz, considérans les raisons et allégations desdictes partyes et les facultés et grandes charges de ladicte succession, joinct la volonté du père, qui avoit fait tel testament pour le regard non seulement de continuer et conserver l'estat de son imprimerie tout entière en sa famille et au profit d'icelle, mais aussy pour servir à l'église et au public, et aussy que ladicte succession peult entièrement advenir audict François, selon la disposition dudict testateur, et pourtant à iceluy François intérest que ladicte succession et imprimerie soit conservée en son entier; à ces causes et pour aultres bons respectz ont advisé d'accorder lesdicts frères comme est cy après déclaré et suyvant leur advis, qui auroit esté accepté par lesdicts Henry et François. Ce jourd'huy, pénultiesme jour d'octobre l'an mil cinq cens cinquante neuf, par devant moy, Jehan Ragueau, notaire public et bourgeois juré de Genève, soubzsigné, et les tesmoingtz soubznommés, se sont personnellement constitués lesdicts Henry Estienne, d'une part, ledict François Estienne avec ledit Badius, son curateur, et de l'authorité d'iceluy, d'autre part, lesquelles partyes certaines bien conscillées et advisées en leurs droictz et affaires, de leur pure et libre volonté, et tant pour elles que leurs hoirs et ayans cause d'elles, ont transigé et accordé de leursdicts différens comme s'ensuyt : à sçavoir que ledict testament demourera en sa force et vigueur, moyennant touttesfoys que, en lieu de deux mille livres léguées et délaissées audict François par ledit testament, ledict Henry sera tenu et a promis payer audict François, son frère, présent, et de l'authorité dudict Badius, son oncle et curateur, présent, stipulant et acceptant, à sçavoir trois mille livres tournoys, quand ledict François sera parvenu en l'aage de vingt cinq ans, et ce en argent comptant ou en livres de toutes sortes qui se trouveront, le temps dudict payement escheu, en la maison dudit Henry, tant imprimés par ledict défunct leur père que par ledit Henry et à eulx appartenans, en déduisant toutesfoys le tiers denier du prix commung des marchans; et, en attendant ledict payement, sera tenu et a promis ledit Henry payer audict François, en argent ou livres comme dessus, l'intérest de ladite somme ou ce qui en restera à payer à raison du taux ordonné par nos magnifiques seigneurs, à la charge aussy, suyvant ledict testament, que ledit François a promis et sera tenu soy gouverner et conduire en ses affaires par le conseil et advis dudict Henry, son frère, promectant lesdites partyes respectivement par leur foy et serment prestés ès mains de moy, dict notaire, observer et entretenir le contenu cy dessus et n'y jamais contrevenir, en manière et façon que ce soyt, et ce sous l'obligation et hypothèque, etc.

Faict et receu par moy, dict notaire, les jour et an susdicts, en l'hôtel de spectable Jehan Calvin, situé en la rue des Chanoines; présens : noble Adrian de Prignault, seigneur de Villemongys, et honorable Anthoine Calvin, marchant, tous deux bourgeois de Genève, tesmoingtz ad ce requis et appeletz.

(Signé :) Ragueau.

(Arch. des notaires de Genève, minutes Ragueau, vol. III, fol. 242-247.)

VIII.

Lettres de Charles IX pour Me Robert Estienne, « imprimeur du Roy. »

(8 octobre 1561.)

Charles, par la grâce de Dieu, roy de France, à noz amez et féaulx les gens de noz cours et parlemens, prévost de Paris, baillifz de Rouen, Berry, Orléans, Blois, Dijon, séneschaulx de Lion, Toulouse, Bourdeaulx, Poictou, Anjou et aultres noz baillifz et séneschaulx, ou leurs lieutenans, salut et dilection. Ayans ci devant esleu Robert Estienne, imprimeur en nostre Université de Paris, nostre imprimeur ordinaire en langues hébrée, chaldée, grecque, latine et françoise, nous lui aurions ordonné imprimer bien et coretement et en bonne et belle lettre toutes ordonnances et édictz et lettres patentes qu'il seroit requis d'imprimer, et que ledict Estienne délibéra acomplir et pour ce faict grands fraictz et despances, et, voullant imprimer les ordonnances et édictz par nous faictz, il a trouvé qu'aucuns imprimeurs et libreres, par importunité d'esquissement ou aultrement, auroient obtenu de nous et de vous respectivement plusieurs congez et permissions d'imprimer lesdictz ordonnances et édictz, en vertu d'icelles imprime et impriment journellement lesdictz édictz et ordonnances, privant ledit Estienne, notre imprimeur, de ses fraictz et entreprenant sur son estat de nostre imprimeur, nous suppliant, requérant très humblement luy pourvoir sur ce. Nous, par l'advis de nostre conseil, avons déclaré et déclairons que nous avons entendu et entendons que audict Robert Estienne, nostre imprimeur, ayt esté, dès lors qu'il fut par nous retenu audit estat de nostre imprimeur, loisible imprimer toutes ordonnances, édictz et lettres patantes qui par noz prédécesseurs et nous ont esté et seront faictes, qu'il conviendra et sera besoing imprimer, sans que aultres libreres et imprimeurs les puissent imprimer ny faire imprimer, durant le temps et terme de troys mois après que chascun desdicts édictz, ordonnances et lettres auront esté par luy achevvez d'imprimer, et que nous leur avons inhibé et deffendu, inhibons et défendons, à peine de confiscation de tout ce qu'ilz auront imprimé ou faict imprimer et d'amande arbitraire, vous inhibant et défendant respectueusement de ne délivrer ny faire délivrer lesdictz édictz, ordonnances et lettres à aultres imprimeurs ou libraires, pour les imprimer ny faire imprimer, que audict Robert Estienne, et de ne leur octroyer aucunes permissions et privillèges de les imprimer durant ledit temps. Si vous mandons et à chascun de vous très expressément enjoignons que de noz présens déclaration, provision et préveilleige ci dessus vous faictes ledict Robert Estienne joir et user plainement et paisiblement, procédans contre les libraires, imprimeurs et aultres qui contreviendront à icelles, par déclaration des peines susdites et autres voyes et contrainctes deues et raisonnables, nonobstant oppositions ou appellations quelzconques et sans préjudice d'icelles, pour lesquelles ne voullons estre diféré, car tel est nostre plaisir, nonobstant aussi quelzconques privillièges, permissions ou congez obtenuz ci devant au contraire, soit de nous ou de vous respectivement; et, pour ce que de ces présentes ont pourra avoir à faire en plusieurs et divers lieux, nous voullons que, au vidimus d'icelles faict par l'ung de noz amez et féaulx notaires et secrétaires ou soubz le scel royal, foy soit adjoustée comme à ce présent original. Donné à Saint Germain en Laye, le huictiesme jour du mois d'octobre l'an de grâce mil cinq cens soixante et ung, et de nostre règne le premier.

Par le Roy, vous, Monsieur le Chancellier, présent.

(Signé :) De l'Aubespine.

(Arch. nat., Y. 11, fol. 244.)

IX.

Testament de Charles Estienne.

(9 mars 1563.)

Au nom de Dieu. Sachent tous qui ces présentes letres verront, lirront et ourront que, l'an prins à la Nativité de nostre Seigneur mil cinq cens soixante troys et le neufviesme jour de mars, par devant moy, Jehan Ragueau, notaire public et bourgeois juré de Genève, soubzsigné, et les tesmoingtz soubznommés, a esté présent de sa personne honorable Charles, fils de défunct honorable Robert Estienne, luy vivant bourgeois et maistre imprimeur à Genève, lequel, estant au lict mallade, toutesfoys sain d'entendement et en bonne disposition d'esprit, par la grâce de Dieu, a dict qu'il vouloyt faire son testament et ordonnance de dernière volonté et m'a requiz iceluy mettre et rédiger par escript en la manière que s'ensuyt : et, après avoir invoqué le nom de Dieu, a dict qu'il luy rendoyt grâces de tant de biens et de bénéfices qu'il luy a faictz et singulièrement de ce qu'il l'a appelé à la cognoissance de son Sainct Évangile et par iceluy donné à cognoistre le vray moyen de son salut, et l'a retiré des idolâtries et superstitions papistiques, èsquelles toutesfoys, en ayant esté une foys retiré, il s'estoyt volontairement de rechef pollu et souillé, suppliant nostre bon Dieu et père qu'en continuant et augmentant ses grâces en luy il ne permette que jamais il oublie ung si grand et singulier bénéfice qu'il luy a faict, mais que, cognoissant et réduysant en mémoire une si grande grâce, il le loue à perpétuité et en cognoissant ses faultes et se humiliant qu'il ayt toujours recours à la bonté et miséricorde de luy, jusques ad ce qu'il luy plaise l'appeller de ce monde en son repos éternel qu'il a préparé à tous ses fidèles, du nombre desquelz il s'asseure estre par sa pure grâce et miséricorde, et, quant aux biens terriens que Dieu luy a donnés, lesquelz, pour le présent, sont bien petitz selon l'apparence, toutesfoys, afin de donner instruction aux siens pour un temps à venir et qu'ils cognoissent, quelz ils sont et peuvent estre, en droicture et équité, a volu faire la déclaration qui s'ensuyt et aussy pour certaines bonnes causes ad ce le mouvant, ainsy qu'il disoyt, c'est que, ayant esté amené en ceste cité par le vouloir de sondit père, il y a faict demeure et résidence en la maison de sondit père par l'espace de troys ans ou environ et ung an plus que ses frères; toutesfoys que, pour le maulvais traictement et rudesse dont dame Marguerite Deschamps[1], sa belle mère, usoyt envers luy, et après en avoir faict plusieurs doléances et plaintifz à sondict père

---

1. *Corr.* Duchemyn

et à ses amis, il fut finalement contrainct de sortir hors la maison de sondict père et soy retirer en la ville de Paris, lieu de sa nativité, auquel il avoyt encores quelque partye de ses biens maternels et où s'estoient retirés Henry et Robert, ses aultres frères, premiers que luy et pour mesme cause, et à quoy faire il estoit sollicité par divers moyens et letres de honorable Charles Estienne, son oncle paternel, lequel avoyt retiré sesdictz frères, auquel finalement et après plusieurs longues délations et refuz, il acquiesça par importunité, et aussy contrainct que dict est par les rudesses et maulvais traictement dont l'on usoyt envers luy, et après estre arivé en ladicte ville de Paris, à la suscitation et par la conduicte dudit Charles, son oncle, et précédens lesdicts Henry et Robert, ses frères, plus aagez que luy, il fut induict, pour avoir main levée d'une partye de ses biens et droictz maternelz, de permettre de vivre selon les loix papistiques, ce que toutesfoys il fyt à son grand regret et dont il luy a desplu et déplaist encores grandement ; mais il s'asseure que Dieu luy a pardonné par sa grâce et miséricorde, et despuys, après qu'il a pleu à Dieu de dresser église en ladicte ville de Paris, il s'est rangé à icelle et en a faict profession et esté receu au nombre des fidèles en ladicte église de Paris, pour la maintenance de laquelle il a employé sa personne et biens selon les moyens et grâces que Dieu luy a donné et faict, délaissant toutes idolâtries et superstitions, jusques ad ce qu'il a esté contrainct de s'enfuyr de Paris pour éviter la prison et après que ses biens ont esté dissipez, pillez et ruynez par ung tumulte et émotion populaire, lesquelles choses sont notoires et manifestes aux ministres anciens et à tous ceulx de l'Église, et despuys s'est rangé en nostre cité, moyennant l'assistence qui luy a esté faicte, par les chemins d'aulcuns de ses amys cognoissant sa paouvreté et calamité en laquelle estant arrivé, il s'addressa audict maistre Henry, son frère, luy exposant sa paouvreté et calamité, le requérant de luy faire part et portion des biens et droictz paternelz, attendu mesmes que, s'il y avoyt cause de l'avoir dejecté desdictz biens par feu son père, elle estoyt semblable en la personne dudict Henry, lequel estoyt tombé en mesme accident, et que mesme il avoyt esté l'autheur et instigateur en partye de la débauche de luy testateur, et mesmes l'avoyt incité de ce faire et par son exemple et par plusieurs et diverses foys, eulx estans en ceste cité en la maison de leurdict père, et, encores despuys, par letres, après que ledict maistre Henry s'en fut allé le premier, et, par ce moyen, aussy coulpable que luy en cest endroict, luy remonstrant aussy qu'il ne luy avoyt faict aulcung tort en sa part des biens maternelz et qu'il n'avoyt toulché aulcunement en ce que ledict maistre Henry avoyt laissé de ses biens maternelz à Paris, ce qu'il eust bien peu faire s'il eust volu ; disant iceluy testateur que ledict maistre Henry en a receu plus de deux mille francs, ainsy qu'il apperra par le compte qui est entre les mains des tuteurs ; et, à ceste cause, il avoyt requis ledit maistre Henry de luy faire droict, part et portion des biens paternels, ce que, toutesfoys, ledict Henry a refuzé et délayé, refuze et délaye encores de faire et mesmes de luy ayder et secourir en ses malladies et nécessitez extrêmes, combien que de ce faire ledict Henry aye esté adverty par les ministres de ceste Église, en la présence desquelz il luy auroit promys de luy assister fraternellement, par protestation toutesfoys de ne déroguer au testament paternel, et que, si ledict Henry luy a assisté, ce a esté bien peu, et que luy testateur a esté contrainct de demander ayde et secours aux estrangers, lesquelles choses cognoissant luy testateur, et afin que Catherine Moullé, sa femme, et Marie Estienne, leur fille, ayent moyens et instructions pour, après le décès de luy et au cas qu'il plaise à Dieu l'appeller de ce monde, de pouvoir recouvrer ses droictz, il a faict escripre sommairement en son présent testament, priant toutesfoys ledict Henry son frère et tous aultres ses frères, parens et amys qui de ce pourroient avoir cognoissance, qu'il leur plaise d'avoir en recommandation la cause et droictz de la vefve et orphelin, comme ils sçavent qu'elle doibt estre recommandée selon Dieu, et parce que l'institution d'héritier est une chose nécessoire et requise en ung testament et ordonnance de dernière volonté, ledict testateur, pour satisfaire ad ce de sa propre bouche, a nommé et institué, et par cestuy présent son testament nomme et institue son héritière universelle, asçavoir ladicte Marie, sa fille, révoquant, cassant et anullant tous aultres testamens et ordonnances de dernière volonté qu'il pourroyt avoir faict par cy devant, si aulcune s'en trouvoyt, priant nos magnifiques et souverains seigneurs de ceste cité et tous aultres seigneurs et magistrats de justice de cestuy présent son testament faire mettre et souffrir estre mys à exécution, voulant aussy qu'il vaille et sorte son effet par forme de testament numcupatif ou de codicille, et par tous aultres meilleurs moyens et manières qu'il pourra valloir, tant par droict que coustume; et que d'iceluy en soyt faict ung instrument public ou plusieurs, si besoing est, et autant de clauses qu'il sera requy et nécessaire, lesquels l'on puisse dicter et amender par l'advis de gens doctes et expédiens, ce sans toutesfoys muer la substance. Faict et receu par moy, dict notaire, les jour et an susdits, en la chambre d'habitation dudit testateur, où soloyt pendre pour enseigne *le Pellican*, près la place de Longemalle; présens nobles Jehan Pecard et Pierre Pecard frères, Jehan Bouchin et Jacques Bouchin, de Beaulne, honorables Jehan Boucher, marchant natif de Paris et bourgeois de Genève, Anthoine de Pize, de Mascon, et Jehan Mallou, de Challons, habitans pour le présent à Genève, et Jehan Fruchet, bourgeois de Genève, tesmoings ad ce requis et appellez.

(Signé :) RAGUEAU.

(Arch. des notaires de Genève, minutes Ragueau, vol. V, fol. 680.)

X.

Extrait du privilège accordé à Robert Estienne pour l'impression de l'Édit royal du 20 décembre 1563.

Par prévillège du Roy, donné au camp, près Orléans, le ving cinqiesme jour de mars 1562, signé, par le Roy en son conseil : de l'Aubespine, et scellé du grand scel dudit seigneur, en cire jaulne, sur simple queue, confirmatif des lettres patentes dudit sieur données auparavant à Saint Germain en Laye, le VIIIe octobre 1561, signées, par le Roy, vous, Monsieur le Chancellier, présent : de l'Aubespine, scellées comme dessus et vérifiées en la court de Parlement, à Paris, le XVIIIe jour de février audict an ; il est permis à Robert Estienne, son imprimeur, de imprimer ou faire imprimer, vendre et débiter ce présent Édict[1], naguères faict pour la passification des troubles de ce royaulme, sans que aultres imprimeurs quelzconques le puissent imprimer ne faire imprimer sans son congé, permission et consentement de troys mois apprès l'impression d'icelluy par luy faicte, sur peine aux contrevenans de confiscation de ce qu'ilz en auroient imprimé et d'amande arbitraire.

(Arch. nat., Y. 11, fol. 216.)

XI.

François Estienne et ses sœurs, mariées aux frères Anastaze, marchand et imprimeur à Genève, vendent à Robert Estienne tous les droits sur la succession de Perrette Bade, leur mère.

(5 février 1564.)

Par devant Anthoine Becquerel et Guillaume Cothereau, clercs notaires du Roy nostre Sire en son Chastelet de Paris, furent présens en leurs personnes honnorables hommes Jehan Anastaze, marchant, faiseur de taffetas et veloux, et Estienne Anastaze, m^e imprimeur, lesdits Anastazes frères tous deux bourgeois de Genève, en leurs noms et encores ou nom et comme procureurs de honnorable homme François Estienne, m^e imprimeur[2], bourgeois dudit Genève, et Catherine

---

1. Déclaration et interprétation, 20 décembre 1563.
2. Sur les acquisitions faites par François Estienne à divers, notamment à Bastien Honorati et à Jean Levoyer, son beau-frère, de presses et outils d'imprimerie en 1567, voir, aux archives des notaires de Genève, les minutes Santeur, vol. I, fol. 84, 112 et 142.

Estienne, femme dudit Estienne Anastaze, et de Jehanne Estienne, femme dudit Jehan Anastaze, fondez de lettres de procuration transcriptes en la vendition dont cy après sera faicte mention, et encores d'abondant iceulx Jehan et Estienne Anastazes, eulx faisans et portans fortz en ceste partie desdits François Estienne, de Blanche de Corquilleret, sa femme[1], desdites Catherine et Jehanne Estienne, femmes desdits Anastazes, seront tenus et promettent faire ratiffier et avoir pour agréable le contenu en ces présentes et les faire obliger avecq eulx et chascun pour le tout, sans division ne discution, et les faire renoncer aux bénéfices de division, ordre de droict et de discution, et les faire renoncer aux bénéfices de véleyen et autenticque « si qua mullier, » qui sont telz que femmes ne se peuvent obliger, répondre ne intercedder pour aultruy, signaument pour leurs mariz, sans expressément renoncer ausdits bénéfices, et que, si elles renonçoient, elles en pourroient estre rellevées et restituées, et ce à l'entretenement du contenu en ces présentes, et en bailler lettres en bonne forme à leurs despens, faictes et passées soubz le scel autenticque, qui seront deuement certiffiez par le juge des lieulx et soubz le scel de la justice d'iceulx, et ce en ceste ville de Paris, à honnorable homme Robert Estienne, cy après nommé, dedans le jour et feste Sainct Jehan Baptiste prochainement venant, et dont pour ce faire iceulx Anastazes frères ont, par ces présentes, auctorizé et auctorizent lesdites femmes, et laquelle Blanche Corquilleret sera deuement auctorizée pour cest effect par ledit François Estienne, son mary; lesdits François, Jehanne, Catherine, Estienne, frères et sœurs et héritiers chascun pour une sixiesme partie, dont les six font le tout, de feue honnorable femme Perrette Badius, leur mère, en son vivant femme de feu honnorable homme Robert Estienne, leur père, luy vivant bourgeois et maistre imprimeur du Roy à Paris, lesquels Jehan et Estienne Anastaze, comparens èsdits noms de leurs bons grez, recongnurent et confessèrent combien, dès le jeudy xxe jour de janvier dernier passé, ilz èsdits noms ayent vendu, cedé et transporté, quitté et délaissé et promis en chascun d'iceulx noms, seul et pour le tout, garentir à honnorable homme Robert Estienne, imprimeur du Roy, bourgeois de Paris, leur beau-frère, présent achepteur, les trois sixiesmes parties et portions par indivis, dont les six font le tout, et tous telz autres droictz, partz et portions, noms, raisons et actions qu'ilz èsdits noms avoient et pouvoient avoir et leur povoit

---

[1]. Fille de Philippe de Corquilleroy, écuyer, Blanche était morte en 1582 (Archives des notaires de Genève, minutes J. Jovenon, vol. V, fol. 214), laissant deux enfants, Samuel et Denise; cette dernière, qui épousa successivement André Voisin et Adam Vergier, fit son testament en 1609 (*Ibid.*, minutes Ét. de Monthoux, vol. XXIII, fol. 29).

compéter et appartenir, à cause et comme héritiers chascun pour une sixiesme partie desdits deffunctz Robert Estienne et Perrette Badius, leurs père et mère, et autrement en une maison, court, puis et jardin, lieux et appartenances, comme ilz se poursuyvent, comporte et extendent de toutes partz et de fons en comble, assize à Paris, rue Sainct Jehan de Beauvais, où est pour enseigne *le Preschement*, et ou baux faictz à quatre vingtz dix neuf ans par les commandeurs et relligieux de Sainct Jehan de Latran en l'Université de Paris, et pour le pris de deux cens cinquante livres tournois, selon et aux charges qu'ilz sont à plain déclarez èsdites lettres de vendition; et aussi combien que pour (*sic*) autres lettres appert il a esté accordé entre lesdites parties que, pour et au lieu desdites deux cens cinquante livres tournois pour raison de ladite vendition, ledit Robert Estienne auroyt promis bailler et paier la somme de mil livres tournois pour raison et à cause desdicts droitz et choses vendues aux charges, conditions et modifications selon et ainsi qu'il est plus à plain contenu et déclaré èsdites deux lettres; iceulx Jehan et Estienne Anastaize frères, comparens èsdits noms, auroient voulu, consenty et accordé, et par ces présentes veullent, consentent et accordent que, si lesdites choses vendues, ceddées et transportées se trouvoient valloir plus que ladite somme de mil livres tournois, que, en ce cas, que l'outreplus soyt, demeure, compette et apartienne audit Robert Estienne, leur beau frère; auquel Robert Estienne, à ce présent et acceptant, lesdits Anastaizes frères, tant que mestier est ou seroit, ont donné, ceddé et transporté, donnent, ceddent et transportent par ces présentes ledit outreplus, emsemble tous et chascuns les droictz, noms, raisons et actions que lesditz Anastaizes ont et peuvent avoir en ladite maison et lieulx, en leur paiant et baillant ladite somme de mil livres tournois, aux termes portez par lesdictes secondes lettres, ensemble luy donnent et transportent comme dessus la plus valleur desdittes trois partz et portions de ladite maison et lieulx qui se trouveroient excéder ladite somme de mil livres tournois, à la quelque valeur qu'elles puissent monter, sans aucune chose en excepter, retenir ne réserver, pour desdictz droictz et choses susdittes joir, user et disposer par ledit Robert Estienne, ses hoirs et ayans cause, le tout en considération des grandz plaisirs, bons et agréables services que ledit Robert Estienne leur a par cy devant faictz d'avoir gardé et conservé leur bien et de leursdittes femmes pendant que lesdictz Anastaizes, François Estienne et leursdittes femmes et mesnaiges estoient absens hors de ceste ville de Paris; d'avoir gardé bien et justement leursdits droictz envers plusieurs personnes, soustenu plusieurs procès et instances par icelluy Robert Estienne à ses propre coustz et despens, tant envers leurs tuteurs et curateurs que autres détempteurs de leurdit bien que pour la bonne et fraternelle et soroternelle (*sic*) amour qu'ilz èsditz noms ont et portent audit Robert Estienne, et que tel à esté et est leur plaisir ainsi le faire et pour plusieurs autres causes à ce les mouvans; et, à ce que ces présentes soient de plus grand efficace valleur et portée et qu'elles sortissent effect incontinent le payement faict de ladicte somme de mil livres tournois, comme dict est, icelles parties èsdits noms comparens, en tant que mestier seroit, veullent et consentent ces présentes estre insinuées et enregistrées au greffe du Châtelet de Paris et partout ailleurs où il appartiendra... Faict et passé l'an mil cinq cens soixante trois, le samedy cinqiesme jour de febvrier[1].

Ainsi signé :) BECQUEREL et COTHEREAU.

(Arch. nat., Y. 105, fol. 92 v°.)

XII.

Extrait d'un registre du Parlement de Paris relatif à un procès élevé entre les héritiers de Perrette Bade et Michel Vascosan, imprimeur, oncle des Estienne.

(1ᵉʳ juillet 1564.)

Entre Robert Estienne, imprimeur du Roy et bourgeois de Paris, en son nom, Jehan et Estienne Anastazes frères, demourans en la ville de Genève, en leurs noms, à cause et comme procureurs et eulx faisans fortz de Jehanne et Catherine Estiennes, leurs femmes, et encores de François Estienne, leur beau frère, demourant audit lieu, demandeurs et requérans l'entérinement d'une requeste du vingt septiesme jour de janvier dernier, d'une part; et Michel Vascossan, imprimeur et libraire juré en l'Université de Paris, défendeur à l'entérinement de ladicte requeste, d'autre part; veu par la Court l'appoinctement en droit, les advertissemens et productions desdictes parties, autres instances et incidens entre ledict Vascossan, demandeur et requérant l'entérinement d'une requeste du vingt uniesme jour de mars dernier et défendeur à l'entérinement de deux autres requestes des xxivᵉ et xxviiiᵉ jours dudit mois de mars, d'une part, et lesdicts Robert Estienne, Jehan et Estienne Anastazes frères, en leurs noms, à cause et comme procureurs et faisans fors de Jehanne et Catherine Estiennes, leurs femmes, et encores de François Estienne, leur beau frère, respectivement défendeurs et demandeurs à l'entérinement desdictes requestes, d'autre; ledict incident joinct à ladicte instance de requeste du xxviiᵉ jour de janvier dernier, et tout ce que, par lesdictes parties,

---

1. On trouve dans les archives des notaires de Genève, minutes Ragueau, vol. V, fol. 1067, et vol. VII, fol. 14, plusieurs documents (procuration et quittance) qui complètent celui qui vient d'être transcrit ici.

a esté mis et produict par devers ladite Court, et tout considéré, il sera dict, avant que faire droict sur lesdictes instances et incident, que ladicte Court a ordonné et ordonne lesdictz Robert Estienne, Jehan et Estienne Anastazes, frères et consors, informeront dedans huictaine prochainement venant pour toutes préfixions et délays, tant par lettres que tesmoings du compromis par eulx mis en avant et articulé; pour ce faict ou ledict temps passé faire droict ausdictes parties ainsi que de raison.

(Arch. nat., X¹ᵃ 1610, fol. 10.)

XIII.

Arrêt du Parlement de Paris, obligeant Michel Vascosan à délivrer sous huitaine aux héritiers de Perrette Bade la part qui leur revient dans la succession de celle-ci, en tant que meubles et matériel d'imprimerie.

(25 janvier 1565.)

Entre Robert Estienne, imprimeur du Roy, Charles et François Estiennes, Jehan et Estienne Anastaze, à cause de Jehanne et Catherine Estienne, leurs femmes, demandeurs et requérans l'entérinement d'une requeste du vingt ungiesme novembre, et en ce faisant que tous les biens meubles, tant presses, caractères et choses qui en dépendent que marchandise de livres et aultres meubles estans de la succession de défuncte Perrette Bade, mère desdictz demandeurs, pocédez et occupez par Michel Vascosan, leur oncle, leurs feussent baillez et délivrez comme à eulx apartenans, pour estre lotiz et divisez entre eulx d'une part et ledict Vascosan, défendeur à l'entérinement de ladicte requeste, d'auttre part; veu par la Court ladite requeste, les advertissemens desdictes parties, appoinctement donné par le commissaire le dix septiesme octobre dernier, l'acte portant déclaration dudict Charles Estienne qu'il n'entendoit empescher l'entérinement de ladite requeste et tout ce que par lesdictes parties a esté mis et produict par devers le commissaire avec l'appoinctement en droict; aultre requeste présentée par ledict défendeur pour joindre certaine instance pendent par devant aultre des conseilliers d'icelle Court à ladicte instance de requeste; et, tout considéré, il sera dict que ladicte Court a ordonné et ordonne que ledict Vascosan sera tenu dedans huictaine faire délivrance ausdictz demandeurs de tous lesdictz meubles, tant presses, caractères que marchandise de livres et aultres délaissez de la succession de ladicte Perrette Bade, mère desdictz demandeurs, pour en ouvrer et disposer comme à eulx apartenans et estre lotiz et divisez entre eulx en se constituant par iceulx demandeurs achepteurs de biens de justice pour rendre et restituer ce qui sera trouvé estre subject à restitution, s'il y eschet, et qu'il soit dit en fin de cause, et a condamné et condamne ledict défendeur ès despens de ladicte instance; et, quant à ladicte requeste dudict Vascosan, ladicte Court a renvoyé lesdictes parties par devant les commissaires par elle commis pour parachever la preuve du prétendu compromis et mettre les aultres diférendz en estat de juger pour à leur rapport faire droict ausdictes parties ainsi que de raison.

(Arch. nat., X¹ª 1611, fol. 291 v°.)

XIV.

Extrait d'un registre du Parlement de Paris, relatif aux privilèges obtenus par Robert Estienne pour l'impression des Ordonnances et édits royaux.

(2 janvier 1566.)

La Cour, ayant veu la requeste à elle présentée par Robert Estienne, imprimeur du Roy, tendant à ce que, au lieu de m⁰ Adrian du Drac, commis avec m⁰ Charles de Dormans, par arrest de la Cour, du vII⁰ juillet dernier, affin d'adviser ce qui debvra estre baillé et délivré par le greffier d'icelle audit Estienne pour imprimer, affin de luy en délivrer extraict ou extraictz, outtre que le sʳ du Drac feust commis avec ledit de Dormans pour son absence, a ordonné et ordonne que, avec ledit de Dormans, m⁰ Michel Quelin vacqueroit à ce que dessus; auquel de Dormans à ceste fin seront baillez les volumes des Ordonnances du Roy à présent régnant, enregistrées en ladite Court, en se chargeant par son récépissé au greffe de les rendre incontinant, et, s'il se y trouve quelque difficulté, en feront lesdits de Dormans et Quelain le rapport à icelle, affin d'en estre ordonné.

(Arch. nat., X¹ª 1615, fol. 267 v°.)

XV.

Extrait d'un registre du Parlement de Paris, autorisant Robert Estienne à faire poursuivre Jean Temporal et autres imprimeurs de Lyon, qui ont contrevenu aux ordonnances et lésé les privilèges dudit Estienne.

(24 juillet 1566.)

Veue par la Court la requeste à elle présentée par le procureur général du Roy et Robert Estienne, imprimeur dudit seigneur, contenant qu'il auroit pleu audit seigneur, pour certaines grandes causes et considérations, ordonner que nulz libvres ne seroient imprimez sans ses très exprès congé et permission, et à ceste fin avoir octroyé pour le faict de ses édictz, patentes, mandemens et ordonnances audit Robert Estienne ses privilleiges et permission; à quoy il y auroit eu plusieurs grandes contraventions et nommément par ung nommé Jehan Temporal et autres de Lyon, lesquelz, encore qu'ilz n'eussent privilleiges et que partant il ne fust licite, néantmoins ilz avoient imprimé plusieurs édictz et ung volume sans attendre qu'aucune publication d'iceulx feust faicte en ladite Court, laquelle, pour certaines grandes causes, avoit différé faire eulx publier et enregistrer, requéroient partant y estre sur ce pourveu, et, tout considéré, ladite Court a permis et permet ausditz supplians de faire saisir et arrester tous et chascuns les libvres et vollumes des Édictz du Roy qui se trouveront imprimez par autre que ledit Estienne, ès mains des libraires et colporteurs et autres qui les exposeront en vente, et à eulx faire faire défenses d'en plus vendre, sur les peines portées par les lettres patentes du Roy et arrestz de ladicte Court; et néantmoins sera ledict Temporal et autres qu'il apartiendra adjournez en ladicte Court à certain jour, pour respondre aux conclusions tant dudict procureur général que dudict Estienne.

(Arch. nat., X^{1a} 1618, fol. 329 v°.)

XVI.

Mention de lettres patentes de Charles IX, ordonnant à Robert Estienne d'imprimer le recueil complet des Ordonnances promulguées depuis 1559.

(5 mars 1567.)

Veues par la Court les lettres patentes du Roy, données à Paris le vingt quatriesme jour de janvier dernier passé, signées, par le Roy en son conseil : Bourdin, par lesquelles et pour les causes y contenues ledict sieur veult, enjoinct et ordonne à Robert Estienne, son imprimeur ordinaire, imprimer en ung volume tous ses édictz, mandemens, ordonnances et lettres patentes vériffiées en ladicte Court, sans aulcunes excepter, suyvant ses aultres lettres patentes du troisiesme jour de mars mil cinq cens cinquante trois, ensemble tous les édictz et ordonnances, mandemens et statut faictz par le feu Roy François, son frère, aussi vériffyées en ladicte Court, tant commencez à imprimer que ceulx qui ne l'ont esté, et iceulx mettre au volume de ceulx dudict seigneur, et que deffenses seront faictes à tous aultres imprimeurs d'iceulx imprimer de quatre ans aprez qu'ilz auroit esté achevez d'imprimer par ledit Estienne, sur les peines portées par lesdites lettres, et ainsy que plus au long est contenu et déclairé par icelle la requeste présentée à ladicte Court par ledict Robert Estienne, tendans à ce que lesdites lettres fussent enthérinées selon leur forme et teneur, le consentement du procureur général du Roy sur icelles de l'ordonnance de ladicte Court, le tout a esté communiqué, et, tout considéré, ladicte Court, en entérinant lesdictes lettres patentes, a inhibé et deffendu à toutes personnes et imprimeurs libraires ou aultres de contrevenir au contenu d'icelles sur les peines y portées.

(Arch. nat., X1a 1620, fol. 576.)

XVII.

Contrat de mariage de Mamert Patisson, correcteur d'imprimerie, avec Denise Barbé, veuve de Robert Estienne.

(20 janvier 1574.)

Par devant Marin Dubois et Jacques Chappellain, notaires du Roy nostre Sire, de par luy ordonnez et establiz en son Chastellet de Paris, furent présens en leurs personnes honnorable homme me Mamer Patisson, correcteur en l'imprimerye, demourant à Paris, pour luy et en son nom d'une part, et honnorable femme Denise Barbé, veufve de feu honnorable homme Robert Estienne, en son vivant marchant libraire et imprimeur du Roy, bourgeois de Paris, aussy pour elle et en son nom d'autre part, lesquelz, de leurs bons grez et bonnes voulentez, ès présence, par l'advis et conseil de Philippes Patisson, praticien, demourant à Orléans, frère dudit me Mamer Patisson, et aussy de honnorable personne Mathieu Barbé, conterolleur pour le Roy des vins venduz en gros à Paris, et Eimard Barbé, capitaine du charoy de l'artillerie, et Agnès Barbé, veufve de feu Guillaume Aubert, tous frères et sœur de ladite Denise Barbé, recongneurent et confessèrent avoir promis et promettent prendre l'ung d'eux l'aultre, par nom et loy de mariage, en face de saincte Esglise, dedans le plus brief temps que faire ce poura, et qu'il sera advisé et délibéré entre eux et leurs amys aux biens et droictz qui ausdicts futurs mariez peuvent competer et appartenyr, qu'ilz promettent porter et mettre en communaulté pour estre ungs et comungs suivant la coustume de ceste ville, prévosté et viconté de Paris; et partant ledit futur espoux a doué et doue ladite Barbé, sa future espouse, de la somme de 600 livres tornois en douaire préfix pour une fois paié, ou de douaire coustumier à son choix et option, au cas qu'il y ayt enfant ou enffans dudict futur mariage, et, sy ledict futur espoux décédoit le premyer et que lors de son décedz il n'y auroit enfans dudict futur mariage, a esté accordé que ladite future espouse joira à tousjours, et à laquelle audict cas ledict futur espoux a faict don irrévocable de tous et chascuns les biens meubles, debtes, créances, acquestz et conquestz immeubles qui seront trouvez luy appartenir au jour de son décedz, pour en joyr par elle, ses hoirs et ayans cause, ainsy que bon luy semblera, et comme de choses à elle appartenant, à la charge toutesfois de paier par ladite future espouse les debtes qui pouroient estre deues, et d'acomplyr le testament dudit futur espoux, sy aucung il en faict, jusques à la somme de cent cinquante livres tornois ou au dessoubz; et encores a esté accordé entre lesdictes parties que Robert Estienne, aagé de quinze ans, et Henry Estienne, aagé de treize ans et demy ou environ, enfans dudict Robert Estienne et de ladicte veufve, seront mariez (sic)[1] et entretenuz par lesdits futurs maryez et aux despens d'icelle communaulté jusque ad ce que chacung d'eulx ayt atainct l'aage de vingt ans, sans aucune diminution du fondz et mace de leurs biens; et aussy lesdits mineurs ne pouront demander aucung profict ne creue de leursdictz biens, ains seront seullement tenuz lesdicts futurs mariez de leur rendre et tenir compte du contenu par l'inventaire faict après le décedz dudict défunct Robert Estienne, leur père, et, pour faire l'insinuation du contenu en ces présentes partout où il apartiendra, lesdicts futurs mariez ont faict et constitué leur procureur le porteur de ces présentes, auquel ilz ont donné et donnent plain pouvoyr et puissance de ce faire, et oultre tout ce que au cas appartiendra et sera nécessaire, car ainsy a esté le tout dict, convenu et expressément accordé entre lesdictes parties en faisant et passant ces présentes qui autrement n'eussent esté faictes et passées, promettant, obligeant chacung en droict soy, renonçant, etc. Fait et passé double l'an mil cinq cens soixante et quatorze, le mercredy vingtiesme jour de janvier.

(Signé :) Chappellain et Dubois.

(Arch. nat., Y. 115, fol. 175.)

XVIII.

Nomination du tuteur de Robert et Henri Estienne, enfants mineurs de feu Robert Estienne et de Denise Barbé, remariée.

(12 juillet 1575.)

Tuition à Robert et Henry Estienne, enffans myneurs d'ans de feu Robert Estienne, en son vivant m⁰ imprimeur du Roy, et de Denise

---

1. *Corr.* nourriz.

Barbé, au lieu de ladite Barbé, à présent femme de Mamer Patisson, m⁰ imprimeur en ceste ville de Paris :

Ledit Patisson, beau père, élist m⁰ Jehan Lyébault; noble homme m⁰ Jehan Lyébault, docteur régent en la Faculté de médecine, cousin paternel à cause de sa femme, élist Mamer Patisson, beau-père ;

François Estienne, oncle paternel, eslit ledit Patisson ; Frédéric Morel, cousin paternel, eslit ledit Patisson ; Tessermant Barbé, oncle maternel, eslit ledit Patisson ; m⁰ Germain Binoys, advocat en Parlement, voisin, eslit ledit Patisson ;

Philippes Patisson, affin paternel, eslit ledit Patisson ; Guillaume Lebé, voisin, eslit ledit Patisson.

(Arch. nat., Y. 5251, fol. 36 v⁰.)

XIX.

Testament de Marguerite Duchemin, veuve de feu Robert Estienne.

(6 août 1577.)

Au nom de Dieu. A tous soit notoire que, l'an de Notre Seigneur Jésus Christ courant mil cinq cens septante sept, et le sixiesme jour du moys d'aoust, par devant moy, notaire public juré de Genève soubzsigné, et en présence des tesmoings après nommez, s'est personnellement establye dame Marguerite du Chemin, vefve de feu honnorable Robert Estienne, en son vivant bourgeois de Genève, laquelle, de son bon gré et franche volonté, estant en son bon sens et entière mémoyre, par la grâce de Dieu, combien qu'elle soyt aucunement malade par indisposition corporelle, considérant néanlmoings et sachant bien qu'il n'y a chose plus certaine que la mort ne plus incertaine que l'heure d'icelle ; pour obvier à ce que après son décez entre ses enfants et successeurs ne puisse sortir aucun procès et différent à l'occasion de ses biens et héritages par faulte de disposition testamentaire ; pour ces causes et aultres bonnes considérations à ce la mouvans, a faict et ordonné par ces présentes son dernier testament numcupatif, dernière et extrême volonté numcupative en la forme et manière que s'ensuyt. Premièrement, elle rend grâce à Dieu de tant de biens qu'il luy a faicts et singulièrement de ce qu'il a eu pityé d'elle, l'ayant appellée à la cognoissance de son Sainct Évangile, sans avoir esgard à son indignité ne à ses faultes et péchez, mais par sa seulle grâce le priant de continuer ses bénédictions envers elle, n'ayant autre espoir ne refuge que à son adoption gratuyte, à laquelle tout son salut est fondé, embrassant la grâce qu'il luy a faite en Nostre Seigneur Jésus Christ et aceptant le mérite de sa mort et passion, afin que par ce seul moyen tous ses péchés soient enseveliz, le priant aussi de tellement la laver et nettoyer du sang de ce grand rédempteur, qui a esté respandu pour tous pouvres pécheurs, qu'elle puisse comparoistre devant sa face, comme portant son ymage, et qu'il luy face la grâce de persévérer en l'invoquation de son sainct nom jusques au dernier souspir de ceste vie ; elle désire et ordonne aussi que son corps soit ensevelly à la manière acoustumée en ceste cité de Genève, en attendant le jour de la bienheureuse résurrection ; et, quant aux biens qu'il a pleu à Dieu luy donner en ce monde, elle en dispose et ordonne par ce présent son dernier testament en la manière suyvante. Premièrement, donne et lègue à la bourse des pauvres estrangers de ceste cité de Genève la somme de dix florins p. p.; item, au collège dudict Genève la somme de dix florins, et à l'hospital général de ladicte ville cinq florins, lesquelz trois légatz payables pour une foys incontinent après son décez par son héritière aprez nommée ; item, donne et lègue à Anne de Rosses, qui demeure de présent avec ladicte testatrice, non toutesfoys à ses gages, la somme de dix florins p. p., payables pour une foys incontinent après son décès par son héritière aprez nommée ; item, donne et lègue à Périne Cochet, sa chambrière, qui la sert présentement, oultre ses gages et salaires, la somme de cinq florins p. p., payables pour une foys incontinent après son décez ; item, ladite testatrice a révoqué et révoque certaine donation d'entre vifz par elle faicte au proffict de Judith Estienne, son héritière après nommée, receue par égrège Nycolas Romain, citoyen et notaire juré de Genève, dattée du dixième décembre mil cinq cent septante quatre, à l'insinuation de laquelle donation ladite testatrice n'a voulu consentir pour certaines considérations qui à ce l'ont mues, et pour ceste cause veult et ordonne ladite testatrice que ladite donnation soit révoquée par ce présent son dernier testament et qu'elle demeure de nulle valeur et efficasse ; item, donne et lègue et par droit d'institution héréditaire particulière délaisse à Loys Mugnyer, son filz, outre ce qu'elle a fourny tant pour luy que sa femme et enfants, lesquelz elle a entrettenu et nourris long espace de temps, ayant esté abandonnés par ledit Mugnyer, la somme de cinquante escuz soleil qu'elle veult luy estre payés, pour une foys seullement, par son héritière après nommée, lorsqu'il sera de retour en ceste ville et que luy mesmes s'y voudra présenter en personne pour les recevoir et non devant ; et c'est pour tous droictz de légitime et autres quelzconques qu'il pourroit demander et préthendre sur ses biens et héritages, laquelle somme de cinquante escus, avec ce qu'il (*sic*) luy a fourny tant à luy que à sesditz enfans, ladicte testatrice déclare monter plus que son droict de légityme, le instituant en ce et non en plus son héritier particulier, veult que dudict légat se contente sans qu'il puisse autre chose demander ni préthendre sur ses biens et héritages, et c'est pour chastiment, d'aultant mesmes que ledit Mugnyer lui a tousjours esté rebelle et désobéissant, s'estant retiré hors ceste ville, ayant abandonné et délaissé la vraye religion chrestienne pour suivre ses desbauches et vaguebondes avec meschantes compagnies, comme est notoyre, ce qu'elle dict et déclaire à son très grand regrect, s'estant par son mauvais train rendu indigne de succéder en aucune part ni portion des biens et héritages de ladite testatrice, et néangmoings elle lui donne plus que ne monte sa légitime par le moyen cy dessus déclairé; et, au cas que ledit Mugnyer viendra à décéder sans enfans nays en loyal mariage, veult et ordonne que ladite somme de cinquante escuz soit et retourne de plain droict à ladite Judith Estienne, son héritière après nommée; comme aussi, au cas que iceluy Mugnyer ne se contenteroit dudit légat et qu'il vouldroit venir à la légitime de ses biens, ce qu'elle ne veult ny entend qu'il puisse faire, en cas que contre sa volonté et intention il y seroit receu, veult et ordonne que ledit Mugnyer soit tenu rapporter en son hoirie avec ladicte somme de cinquante escus soleil, assavoir la somme de neuf vingtz florins p. p., qu'elle a payé pour luy pour certains cuyrs qu'il avoit achaptés, ensemble son aprentissage qu'il a faict en la maison de honnorable Robert Estienne, ensemble le prix par luy receu de la vente de deux chambres qui lui avoient esté baillées par ladite testatrice et sondit feu mary, lesquelles deux chambres ledit Mugnyer a despuis vendues et retiré le prix d'icelles; qu'il soit aussi tenu rapporter et tenir compte de sa nourriture et entretenement à luy fournys par ladite testatrice, tant de luy que de sa femme et deux enfans durant six années, comme le tout sera taxé et liquidé pour le tout luy estre précompté sur ladite légityme audit cas et non aultrement; item, donne et lègue à Anthoinette Du Chemyn, sa sœur, et, à son deffault, aux enfans d'icelle Anthoinette, à eulx tous ensemble, par égalle portion, la somme de deux cens florins p. p., payables pour une foys incontinent après son decez par son héritière après nommée, la instituant en ce et non en plus son héritière particulière, veult que dudit légat se contente sans qu'elle puisse autre chose demander ni préthendre sur ses biens et héritages; item, donne et lègue et par droict d'institution héréditaire particulière délaisse à tous et chacuns ses parens et autres préthendans avoir et demander droict sur ses biens et héritages à ung chascun d'eulx la somme de cinq soulz tournoys pour une foys seullement, les instituant en ce et non en plus ses héritiers particuliers, veult que dudit légat se contentent sans qu'ils puissent autre chose demander ne préthandre sur ses biens et héritages; item, confesse devoir ladite testatrice à dame Marthe Bourgoing, femme de honnorable Toussainctz Dagonneau, la somme de quatorze florins p. p.; item, à monsieur Crosilhe six florins quatre deniers, à Jaques Porte neuf florins et à Michault Ducret, son voisin, troys florins; item, à Aymé Dupuy, de Landicier[1], six florins dix soulz, lesquelz debtes veult estre payez aux susnommés par son héritière après nommée; et, pour ce que le chef et fondement d'un chacun bon, parfaict, dernier et vallable testament numcupatif et volunté extrême est l'institution de l'héritier, à ceste cause, ladite Marguerite Duchemyn, testatrice, en tous et chacuns ses autres biens, droictz, noms et actions, meubles, immeubles, présens et advenir, quelconques en quelque lieu qu'ils soient assiz et situés et en quoi qu'ils consistent, desquels n'a point cy dessus disposé ni ordonné, disposera ni ordonnera, par cy après elle a faict et institue son héritière universelle et de sa propre bouche la nommée, assavoir ladite Judith Estienne, sa petite et arrière fille, née du mariage d'entre honnorable Henry Estienne et feue Marguerite Pillot, fille de ladite testatrice, elle seule et pour le tout, par laquelle veult et ordonne tous ses debtes, légats et autres choses par elle deues, disposées et ordonnées, soient paiés et satisfaictz à qui appartiendra; et, au cas que ladite Judith Estienne, son héritière susnommée, viendroit à décéder sans enfans nays en loyal mariage, en ce cas luy a substitué et substitue, et en tous sesdits biens et héritages, assavoir lez enfans de ladite Anthoinette Duchemyn, sadite sœur, eux tous ensemble par égalle part et portion; item, veult et ordonne ladite testatrice que tous et chacun sesdits biens et héritages soient régis, gouvernés et administrés par noble seigneur Dominique Chabrey, citoyen et seigneur conseiller de Genève, et par honnorable Guillaume Desmaryes, bourgeois dudit Genève, les priant affectueusement en prendre la charge et le tout régir, gouverner et administrer jusques à ce que ladite Judith, sadite héritière susnommée, soit colloquée en mariage, sans que ledit Henry Estienne en aye aucun maniement, ce qu'elle deffend expressément pour certaines causes qu'elle ne veult ne peult plus amplement déclarer, affermant néanmoings que ce n'est pour aucune hayne ni malveulhance qu'elle luy porte, mais qu'elle le faict pour obvyer à toute noise qui pourroit survenir entre les enfans dudit Estienne; lesquelz seigneurs Chabrey et Desmaryes ladite testatrice faict, crée et ordonne exéquuteur de son présent testament et curateur de sadite héritière susnommée, pour ce regard suppliant très humblement les seigneurs de la justice de ceste cité les vouloir confirmer en ladite charge, cassant, révoquant, anullant et mettant entièrement au néant tous autres testamens, codicilz, donnations à cause de mort et d'entre vifs et toutes autres dispositions de dernière volonté que par le passé pourroit avoir faictz. Le présent seul sien dernier testament numcupatif et volonté extrême demeurant en sez vertu efficasse et valeur perpétuelz, et lequel a voulu et ordonné valoir par droict de dernier testament numcupatif et volonté extrême;

---

1. Localité à une lieue de Genève.

et, s'il ne vault par droict de testament, veult qu'il vaille par droict de codicil, donnacion à cause de mort et par toute autre disposition de dernière volonté et meilleur forme et manière par laquelle mieux pourra et devra valoir tant de droict que de coustume; et si a prié et requy les tesmoings cy après nommés par elle singulièrement recognuz, et lesquelz elle a à ces fins faict appeller que du contenu en sondit testament ilz ayent souvenance pour en temps et lieu en pouvoir depposer la vérité, si requiz en sont, et ce pendant le tenir secret, et moy, notaire juré soubzsigné, en prendre et retenir acte et instrument public pour l'expédier et clauses d'icelluy au proffict de tous ceux qu'il appartiendra. Faict audit Genève, dans la maison d'habitation de ladite testatrice, les an et jour que dessus, ez présence de spectables Claude Duryer, docteur et advocat audit Genève, André Bueyron, chappuys, Estienne Roze, cousturier, Pierre Mermod, Loys Puthod, Jehan de Lesmoilhes, esmalyer, Pierre Sales, tant bourgeois que habitans dudit Genève, tesmoings à ce appelez et requiz, et moy, notaire public juré de Genève soubzsigné.

(Signé :) JOVENON.

Autre testament de Marguerite Duchemin, veuve de feu Robert Estienne, bourgeois de Genève.

(16 janvier 1580.)

[Le préambule est semblable au précédent.]

Au nom de Dieu. A tous soit notoire que, l'an de Nostre Seigneur Jésus Christ courant mil cinq cens huictante, et le seiziesme jour du moys de janvier, etc., etc. Et quant aux biens qu'il a pleu à Dieu luy donner en ce monde, elle en dispose et ordonne par ce présent son dernier testament numcupatif et volonté dernière en la manière suyvante. En premier lieu, donne et lègue à la bourse des pouvres estrangers de ceste cité de Genève la somme de quarante florins p. p.; item, au collège de ladite ville six florins, et à l'hospital général de ladite cité pareille somme de dix florins, lesdits troys légats payables pour une foys incontinent après son décès par son héritière après nommée; item, ladite testatrice a révoqué et révoque par ces présentes certaine donnation d'entre vifz par elle faicte au proffict de Judith Estienne, son héritière après nommée, reçue par égrège Nycolas Roman, citoyen et notaire juré de Genève, le dixième jour de décembre mil cinq cens septante quatre, à l'insinuation de laquelle ladite testatrice n'a voulu consentir pour certaines considérations qui à ce l'ont mue, et pour ceste cause veult qu'elle demeure révoquée et de nul effect et valeur; item, donne et lègue et par droict d'institution héréditaire particulière délaisse à Loys Mugnier, son fils (oultre ce qu'elle a fourny tant pour luy que sa femme et enfans, qu'elle a nourris et entretenus long espace de temps, ayans esté abandonnés par ledit Mugnier), la somme de cent cinquante florins, p. p., payables pour une foys incontinent après son décès, à la charge qu'il viendra luy mesmes recevoir ledit légat et non aultrement, et veult et ordonne que son héritière après nommée ne puisse estre contraincte au payement d'icelluy légat jusques à ce que ledit Mugnier le vienne recevoir en personne en ceste cité; et c'est pour tous droicts de légitime et autres quelconques qu'il pourroit demander et préthendre sus ses biens et héritages, déclairant ladite testatrice que ladite somme de cent cinquante florins, avec ce qu'elle luy a fourny tant à luy que à sesdits enfans, monte plus que son droict de légitime, l'instituant en ce et non en plus son héritier particulier, veult que dudit légat se contente sans qu'il puisse aultre chose demander né préthendre sus ses biens et héritages; et c'est pour chastiment d'aultant mesmes que ledit Mugnier luy a tousjours esté désobéissant et rebelle, s'estant retiré hors ceste cité de Genève et abandonné la vraye religion pour suyvre meschantes compagnies et s'adonner à toutes dissolutions, s'estant par son mauvais train rendu indigne de succéder en aucune part ni portion de sesdits biens et héritages, ce qu'elle déclare à son très grand regrect; et néanmoings elle luy donne aultant ou plus que ne monte sadite légitime par le moyen ci dessus déclaré; et, au cas que ledit Mugnier viendra à décéder sans enfans nais en loyal mariage, veult et ordonne que ladite somme de cent cinquante florins revienne et apartienne de plein droict à ladicte Judith Estienne, son héritière après nommée, comme aussi au cas que icelluy Mugnier ne se contenteroit dudit légat et qu'il vouldroit venir à la légityme de ses biens, ce qu'elle ne veult ni entend qu'il puisse faire, au cas que contre son intention il seroit receu à quereller ladite légityme, veult et ordonne que icelluy Mugnyer soit tenu rapporter en son hoirie avec ladite somme de cent cinquante florins, si elle estoit par luy reçue, assavoir la somme de neuf vingtz florins qu'elle a payé pour luy pour certains cuyrs qu'il avoit acheptés, ensemble le pris de son aprentissage qu'il a faict en la maison dudit feu Robert Estienne, et le pris par luy reçu de la vente de deux chambres qui luy avoient esté baillées par ladite testatrice et sondit feu mary, lesquelles deux chambres ledit Mugnier a despuys vendues et retiré le pris d'icelles, qu'il soyt aussi tenu tenir compte sur ladite légityme de sa nourriture et entretenement à luy fournis par ladite testatrice tant de luy que de sa femme et deux enfans durant six années, comme le tout sera taxé et liquidé, pour le tout luy estre précompté et rabatu sur ladite légityme au cas qu'il seroit receu à la quereller comme dict est et non autrement; item, donne et lègue et par droict d'institution héréditaire particulière délaisse à tous et chacun ses parens et aultres préthendans avoir et demander droict sus ses biens et héritages à un chacun d'eux la somme de cinq soulz pour une foys seullement, les instituant en ce et non en plus ses héritiers particuliers, veult que dudit légat se contentent sans qu'ilz puissent aultre chose demander ne préthendre sus ses biens et héritages ; et, pour ce que le chef et fondement d'un chacun bon, parfait, dernier et vallable testament numcupatif et volonté extrême est l institution de l'héritier, à ceste cause ladite dame Marguerite Duchemyn, testatrice, en tous et chacun ses autres biens, droictz, noms, raisons et actions, meubles, immeubles, présens et advenir, quelconques desquelz n'a point cy dessus disposé ni ordonné, disposera ne ordonnera par cy après, elle a faict et institue son héritière universelle et de sa propre bouche, la nommée, assavoir ladite Judith Estienne, son arrière fille bienaymée[1], née du mariage d'entre honnorable homme Henry Estienne, bourgeois dudit Genève, et feue Marguerite Pillot, fille de ladicte testatrice, elle seule et pour le tout, par laquelle veult et ordonne que tous ses debtes, légats et aultres choses par elle deues, disposées et ordonnées, soient payés et satisfaictz à qui apartiendra. Et au cas que ladite Judith viendra à décéder sans enfans procréés en légityme mariage, en ce cas lui a substitué et substitue et en tous sesdits biens et héritages, assavoir ledit honorable Henry Estienne, père d'icelle Judith, ou en son deffault ses enfans d'icelluy Estienne, naturels et légitymes, pour la moityé de tous sesdits biens et héritages, et le mary d'icelle Judith, qui sera lors du décez de ladite Judith ou à son deffault, ou, au cas qu'elle n'auroit aucun mary ni enfans lors de son décès, les enfans de feue Anthoinette Duchemyn, nommés Pierre et Jehan, les deux ensemble pour les deux tiers de l'aultre moityé de cesdits biens, et les enfans de feu Gilles Detrez, filz de ladite feue Anthoinette, sy aucuns y en a, eux tous ensemble pour l'aultre tiers de ladite moityé ; exéquuteur de ce présent son dernier testament a faict et nommé, assavoir honorable Guillaume Desmaryes, bourgeois de Genève, le priant affectueusement en prendre la charge en ce qu'il y eschera, cassant, révoquant, annullant et mectant entièrement au néant tous autres testamens, codicilz, donnations à cause de mort et d'entre vifz et toutes les dispositions de dernière volonté que par le passé elle pourroit avoir faictz, le présent seul son dernier testament numcupatif de volonté extrême demeurant en ses vertu efficasse et valeur perpétuelz, et lequel a voulu et ordonné valoir par droict de dernier testament

---

1. Comme l'on sait, Judith Estienne épousa cette même année 1580 (voir plus haut) l'imprimeur François Lepreux, en faveur duquel Marguerite Duchemin fit une nouvelle donation (Archives des notaires de Genève, minutes N. Cornillaud, vol. II, fol. 198, et minutes J. Jovenon, vol. V, fol. 447).

numcupatif et volonté dernière, et, s'il ne vault par droict de testament, veult qu'il vaille par droict de codicil, donnation à cause de mort, et par toute autre disposition de dernière volonté et meilleur forme et manière, par laquelle mieux pourra et devra valoir, tant de droict que de coustume, et si a prié et requis les tesmoings cy après nommés que elle a à cez fins fait appeler que, du contenu en sondit présent dernier testament ils ayent souvenance pour en temps et lieu en pouvoir depposer la vérité, si requis en sont, et moy, notaire public juré soubzsigné, en prendre et recevoir acte et instrument public pour l'expédier et clauses d'icelluy au proffict de tous auxquelz apartiendra. Faict à Genève, dans la maison d'habitation de ladite testatrice, les an et jour que dessus, ez présence dudit Guillaume Desmaryes, Guillaume Serre, Pierre Synade, Michel Dumas, Anthoine Brochier, Jehan Roche, Jehan Baptiste Dalons, tant bourgeois que habitans dudit Genève, tesmoings à ce appelez et requiz; et moy, notaire public juré dudit Genève soubzsigné.

(Signé :) JOVENON.

(Arch. des notaires de Genève, minutes Jean Jovenon, vol. IV, fol. 78 et 366.)

XX.

Accord passé entre Henry Estienne, bourgeois de Genève, et Marguerite Duchemin, sa belle-mère.

[Extrait.] (18 janvier 1580.)

Les comparants confessent qu'ils sont demeurés quittes l'un vis à vis de l'autre de toutes prétentions pour raison et cause des accords tant verbaux que par écrit passés entre eux. Et pareillement de tout ce que ladite Duchemyn pourroit prétendre contre H. Estienne à cause du contrat de mariage fait et passé entre elle et feu Robert Estienne, comme elle l'en a quitté par un accord fait entre elle et ledit Henry, par l'accord reçu par égrège Jehan Ragueau le 27 février 1561. Toutes promesses et conventions passées jusques à présent demeurant nulles, moyennant le présent accord, assavoir premièrement en ce qui regarde les meubles, dont mention est faite par certain accord l'an 1565, confirmé en 1573, ainsi qu'appert acte reçu par moy, notaire subzsigné, et pareillement des meubles non trouvés par l'accord susmentionné; tous esquels meubles étoient restituables audit Henry Estienne ou aux siens après le décès de ladite dame Duchemyn, il est expressément accordé entre les parties qu'après le décès de ladite ses héritiers seront tenus payer pour une fois audit Henry la somme de cinquante livres tournois, payables de suite après son décès. Quant à la somme de quatre cents livres tournois dont mention est faite par ledit accord, elle demeurera entre les mains d'Henry pour estre délivrée à Judith Estienne, sa fille, tout ainsi qu'est porté par ledit accord; item, que ledit Henry sera tenu continuer le payement de la pension annuelle de six vingt sept livres tournois à icelle Duchemyn durant sa vye, suivant les accords ci dessus mentionnés, de laquelle somme sera rabattu vingt huit livres ts. par an dès le jour que ledit Henry aura délivré à ladite Judith lesdites quatre cens livres tournois; item, et quant aux deux chambres que ledit feu Robert Estienne auroit donné et légué aux enfants de Loys Mugnier, ladite Duchemyn déclare qu'elle a tousjours joui desdites deux chambres, pris et reçu les louages d'icelles, desquels louages elle en a accordé avec Jehanne Janin, mère desdits enfans, et à laquelle ledit Henry Estienne les a depuis remises comme tuteur de ses enfans; et, après le décès tant d'elle que desdits enfans, ladite Duchemyn a acheté lesdites chambres dudit Mugnier et partant elle en décharge ledit Henry envers tous ceux qu'il appartiendra. Et, moyennant les choses susdites, les parties demeureront quittes l'une envers l'autre. Passé à Genève, dans la maison d'habitation de ladite Duchemyn, en présence de honorable Guillaume Desmaryes, bourgeois de Genève, Jaques Dentan, de Cholex, tesmoings appellez, et moy, notaire public juré dudit Genève.

(Signé :) JOVENON.

(Arch. des notaires de Genève, minutes Jean Jovenon, vol. IV, fol. 368.)

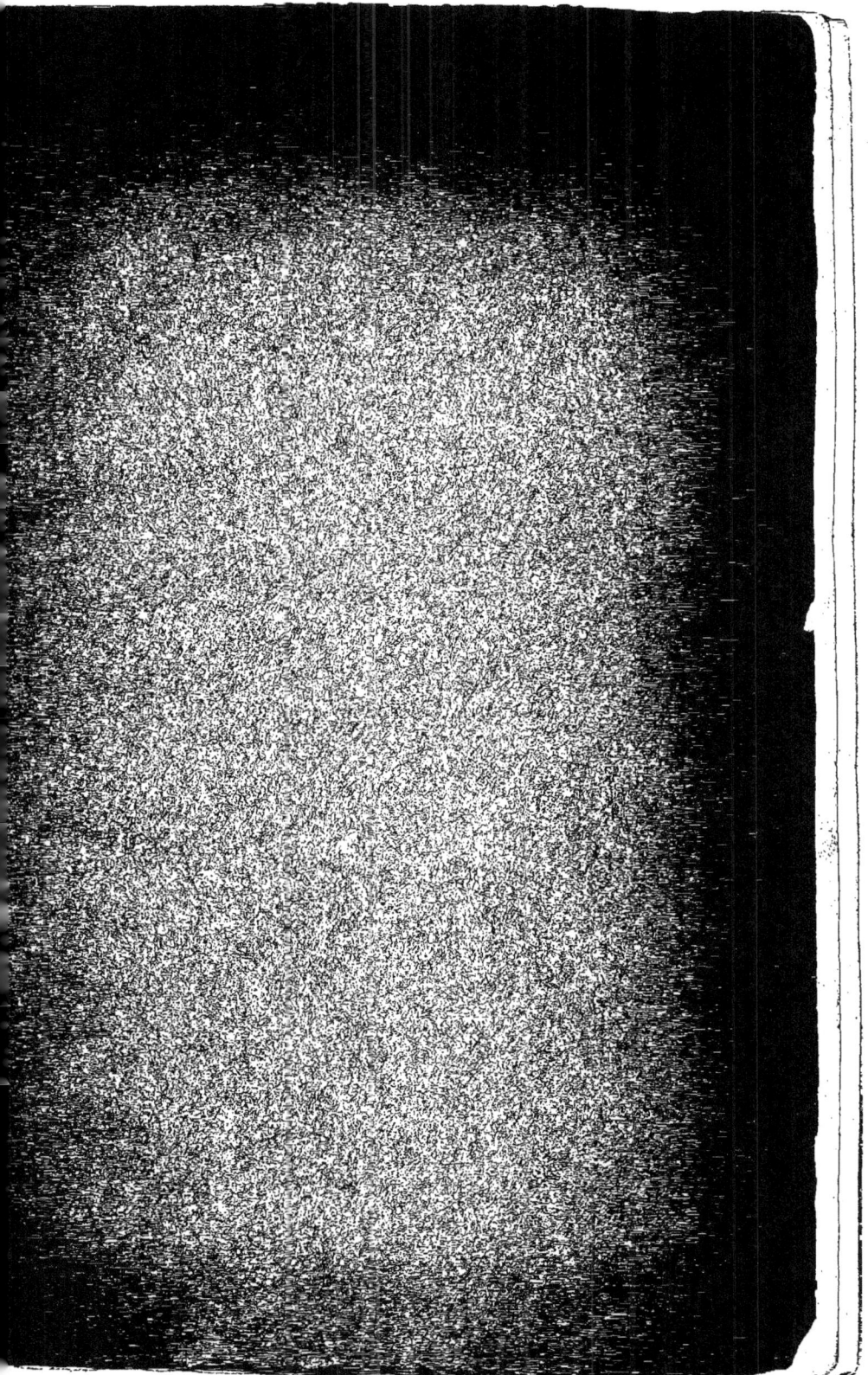

Les tirages à part de la *Société de l'Histoire de Paris et de l'Ile-de-France* ne peuvent être mis en vente.

www.ingramcontent.com/pod-product-compliance
Lightning Source LLC
LaVergne TN
LVHW021736080426
835510LV00010B/1279